Walter Schwebel

Die späte Kür

Walter Schwebel

Die späte Kür

Aufbruch in den aktiven Unruhestand

pala verlag

Dieses Buch ist der Person gewidmet,
mit der ich am liebsten alt werden möchte:
meiner Frau.

Aus Gründen des besseren Sprachflusses wird in diesem Buch häufig auf eine Geschlechterunterscheidung verzichtet. Kein Geschlecht soll dadurch benachteiligt werden.

Inhalt

Die Tür zur Kür

Die große Eisfläche wurde von
verpflichtender Erwerbsarbeit frei geräumt.
Das glatte spiegelnde Eis verlockt
zum ruhigen Gleiten, leichten Kringeln,
Drehen und zum Tanz.

Wen reizt es da nicht, einmal Akteur,
Trainer und Choreograf in eigner Person zu sein?
Das Leben als Spiel,
vielleicht bis zur Meisterschaft.

Wann, wenn nicht jetzt?

Vor-Worte

Die jungen Alten

Es war bisher nicht selbstverständlich, sich auf die Zeit nach der Berufstätigkeit vorzubereiten. Nur wenige haben dies getan. Die gesellschaftlichen Veränderungen machen es jedoch notwendig, sich frühzeitig mit dem Älterwerden auseinanderzusetzen. Die Zunahme der Zahl der Alten in der Bevölkerung und die steigende Lebenserwartung lassen eine »Überalterung« erwarten. Durch den gleichzeitigen Rückgang der Geburtenrate werden die demografischen Veränderungen zum Problem.

Noch nie stand ein so großer und ständig wachsender Teil der Bevölkerung vor einem Lebensabschnitt von 20 bis 30 Jahren, ohne dass sein Status im Verhältnis der Generationen geklärt ist. Neue Rollenbilder, gesellschaftliche Aufgaben sowie konkrete Erwartungen sind im Fluss; verbindliche Orientierungshilfen bestehen noch nicht. Diese Offenheit birgt neue Möglichkeiten und Chancen, auch für unser Land. Damit verbundene Fragen müssen von der jetzigen Generation von Rentnerinnen und Rentnern als Pioniere zunächst ohne Anleitung gelöst werden. Es gibt nur wenige Vorbilder. Erst durch die Vorhaben, Initiativen und Leistungen der Frauen und Männer in dieser Lebensphase entstehen neue Muster für eine lebenswerte Zukunft fernab von Seniorenbetreuung und Altenplänen.

Solange eine passende Bezeichnung für diese Älteren noch gesucht wird, nenne ich diese Zielgruppe »die jungen Alten«, die sich schwer in eine exakte Altersspanne von Jahren fassen lässt. Sie sind neugierig, mobil, lernbereit und sie unterscheiden sich deutlich von den alten und gebrechlichen Alten. Die Verschonung von schweren Krankheiten und Behinderungen sowie eine materielle Versorgtheit sind die Basis für einen aktiven und erlebnisorientierten Lebensstil, der diese Altersgruppe immer markanter kennzeichnet.

Eine »Verjüngung« des Alters ist seit den 80er-Jahren zu beobachten. Die heutige Generation älterer Menschen hat gelernt, bis ins späte Erwachsenenalter relativ vital und leistungsfähig zu bleiben. Mehr als ein Drittel der Älteren bezeichnet ihre jetzige Lebensphase als die glücklichste von allen. Die Zunahme an Aktivität darf als Ursache und zugleich als Beweis für diese Aussagen angesehen werden.

Lebenswünsche

Viele dieser jungen Alten sind durch eine von Armut und Not geprägte, oft schwere Kindheit und Jugend gegangen. Sie hegen verständlicherweise mehr oder minder kleine und große Wünsche an das Leben. Dieses Buch will die

Hoffnung verstärken, einige davon noch in der jetzt zur Verfügung stehenden Zeit zu verwirklichen. Dazu erscheint es notwendig, das Ende der Berufszeit als einen gravierenden Wendepunkt im Leben zu verstehen und nach den individuellen Zielen Ausschau zu halten.

Auf diesem Weg ist es nützlich, eine Alterskompetenz zu erwerben. Hierfür besitzt jeder seine persönliche Lebenserfahrung, die allerdings an einigen Stellen ergänzt werden sollte. Dieses Buch versucht an mehreren Punkten, die im Laufe des Lebens entstandenen Urteile und Vorurteile in Fragen umzuwandeln. Lernen wird neue Blickwinkel eröffnen.

Überraschende Erkenntnisse über uns selbst können helfen, zu entscheiden, welche alten Lebenswünsche noch realisierbar sind oder ob es erfüllender sein kann, neue Wünsche zu entdecken und als Ziele zu verfolgen.

Über die Entstehung des Buches

Seit ich selbst im sogenannten »Ruhestand« lebe, kreisen meine Gedanken um die in diesem Buch behandelten Themen. In Kursen und Informationsveranstaltungen mit jungen Alten haben sich die Schwerpunkte herauskristallisiert. Theoretisches Nacharbeiten vertiefte die eigenen Erfahrungen. Dreißig Jahre hauptberufliches Arbeiten in der Erwachsenenbildung haben mir die Lebensbedürfnisse und Lernwünsche junger und älterer Erwachsener deutlich werden lassen.

Trotz ungezählter Abschweifungen festigte sich über mehrere Jahre hinweg der Plan zu diesem Buch. Die Entstehung war ein spannender und lehrreicher Prozess.

Die Anregungen und Beispiele sind Denkanstöße und keine Rezepte, die man kopieren soll. Spielräume zur eigenen Gewichtung, Veränderung und sogar Verwerfung der Vorschläge sind selbstverständlich gegeben. Eine positive Lebensgestaltung kann am besten durch die freie Entscheidung und Eigeninitiative gelingen.

Das Buch ist geprägt von meiner optimistischen Lebensphilosophie. Lohnende und beglückende Lebensziele den Lesern vors Auge zu rücken und damit Zündfunke für Fantasie und Aktivität zu sein, ist mein Hauptantrieb.

Die heute 60-Jährigen lassen sich nicht mehr zum alten Eisen zählen, sondern beschreiten neue Wege. Wie ein roter Faden ziehen ermutigende Beispiele und Modelle zur Zukunftsgestaltung durch dieses Buch. Es enthält eine Sammlung von Erfahrungen und Erkenntnissen, die das nachberufliche Leben bereichern können. Frauen und Männer haben nach jahrzehntelang geleisteter Pflicht ein Recht auf einen weitgehend selbstbestimmten Lebensabschnitt. Der hier vorliegende Strauß von Anregungen lässt die Zukunft bewältigbarer erscheinen und soll Lust machen, die vor uns liegende Zeit selbst zu gestalten.

Lesehinweise

Die Kapitel und Arbeitsabschnitte sind zwar in einer logischen Reihenfolge angeordnet, die aber keineswegs verbindlich ist. Die Leser können nach eigenem Interesse eine andere Reihenfolge wählen.

Zur Erhöhung des Lesegenusses spielen zwei Personen vom ersten bis zum letzten Kapitel des Buches mit. Eva und Max begegnen uns in ganz praktischen Lebenssituationen, die uns Denkanstöße vermitteln.

Da das Buch zum Mitdenken und Mitmachen einlädt, soll der freie Randstreifen zum aktiven Lesen (mit Stift) animieren.

Danksagung

Zunächst möchte ich meiner Ehefrau Hildegard für die ungezählten fachlichen Hinweise, gestalterischen Tipps sowie für die lebendigen Diskussionen danken, die wir in der gesamten Entstehungszeit des Buches geführt haben. Mancher Fehler wurde durch sie vermieden.

Literaturhinweise von Ute Blessing-Kapelke, Steffen Wachter und Werner Wittersheim waren für mich thematische Bereicherungen, für die ich mich herzlich bedanke.

Günther Bachmann hat mir mit statistischem Material freundschaftlich geholfen, wofür ich sehr dankbar bin. Für wirkungsvolle Unterstützungen sage ich der Redakteurin Petra Neumann-Prystaj bleibenden Dank.

Als erste Leser des Manuskriptes habe ich Bernd Engelhard, Werner Mansholt und Jürgen Häusser sehr zu danken. Mit aller Herzlichkeit möchte ich meinem Freund Bernd Schätzle besonders danken. Er hat für mich Material gesammelt und mir als Leser des Manuskriptes wertvolle Rückmeldungen geben können. Sein aufmerksames Begleiten meiner Arbeit, sein Verständnis und die Gespräche mit ihm waren mir sehr wichtig. Ihm verdanke ich auch einen Großteil meiner Liebe zur Literatur.

Die größte Unterstützung und Hilfe erfuhr ich durch die Betreuung des Verlags. In sehr angenehmer, kollegialer Zusammenarbeit mit Barbara Reis und Wolfgang Hertling ist mein Skript zu einem richtigen Buch geworden.

Eine Reihe lieber Menschen, an ihrer Spitze meine Tochter Katja, haben mich auf dem Weg zum Buch beraten, gestärkt, ermutigt und durch ihr Interesse unterstützt. Allen schulde ich meinen aufrichtigen Dank.

Zieh dich zurück, wenn die Arbeit getan ist:
Das ist der Weg des Himmels.
Lao Tse

Altern heute und morgen

Das Ausscheiden aus dem Beruf zu diesem Zeitpunkt ist von Max in Übereinkunft mit der Firma selbstbestimmt. Er ist also selbstsicher und mit sich im Reinen, als der letzte Arbeitstag auf dem Kalender steht. Bis auf den Schreibtisch sind bereits Schränke und Regale aufgeräumt, laufende Projekte übergeben und viel Material einfach entsorgt. Für die »Übergabe« des Schreibtischs gibt es einen Termin mit dem Vertreter, der den Platz einnehmen soll, bis die offizielle Nachfolge geklärt ist.
Max bemüht sich um Lockerheit und Souveränität, als der junge Kollege ins Zimmer tritt. Schublade für Schublade legt Max seine Unterlagen offen. Er hält die Sammlung der halbjährlichen Arbeitsprogramme mit den vielen persönlichen Notizen über die gesamte Dauer seiner Tätigkeit für ein kleines Heiligtum, das er zum Schluss zu übergeben gedenkt.
Nicht ohne Stolz zeigt er diese lückenlose Dokumentation vor und ist insgeheim auf die wertschätzende Reaktion seines Gegenübers gespannt. Mit der sachlich kurzen Bemerkung »das haben wir ja alles doppelt« schiebt der junge Kollege den für den Abfall bestimmten Wagen etwas näher an den Schreibtisch.

Das private Altern

Das Alter klopft an meine Tür:
»Du bist da drin, ick spüre dir.«
Ich mach nicht auf und flüstre schwach:
»Lern du zuerst mal deutscher Sprach.«
Worauf der Gast zu gehen geruht.
– Ey Alter! Das ging noch mal gut.
Robert Gernhardt

Das Alter ganz persönlich

Vor hundert Jahren galten 50-Jährige als alt. Heute stufen die Entwicklungspsychologen die Menschen zwischen 40 und 60 beim mittleren Erwachsenenalter ein. Erst danach beginnt das höhere Erwachsenenalter. Geschäftstüchtige Mediziner und Trainer versprechen heute, mithilfe verschiedener Programme »forever young« zu bleiben.

Das Alter schleicht sich ein

Statistiken, verlängerte Lebenserwartung und Anti-Aging-Angebote geben jedoch keine Antwort auf die Frage »Wann kommt das Alter zu mir persönlich?« Auch lebenslange Sportler und besonders gesunde Menschen unterliegen biologischen Veränderungen, die sich im Alter in unterschiedlichem Tempo vollziehen. Auch wenn die Älteren zunehmend zeigen, welche neuen Rollen sie immer länger gut spielen können, der individuelle Abbau schleicht sich ein. Ob und ab wann wir den Verlust der Kraft eher im körperlichen oder im geistig-nervlichen Bereich zu spüren bekommen, wird neben unserer genetischen Ausstattung von vielen Faktoren beeinflusst. Training, gute medizinische Betreuung und eine vernünftige Lebensweise können die Leistungsgrenzen zwar hinausschieben, aber es wäre falsch und sogar töricht, das Alter ignorieren zu wollen.

Unsicherheiten vor einem Wechsel sind normal

Gewisse Unsicherheiten über den Beginn und den Verlauf des Nachlassens der Fähigkeiten sind normal. Schließlich durchlaufen wir diesen Prozess zum ersten Mal. Angst ist jedoch nicht angebracht. Auch die Tatsache, dass unsere noch zu lebende Zeit abnimmt, ist doch nur als Signal zu deuten, die vorhandene Zeit als kostbares Gut zu nutzen und immer bewusster zu gebrauchen. Gleichzeitig bietet das Alter viel Tröstliches: Lebenslang an uns gestellte Erwartungen ebben langsam ab oder entfallen ganz. Einen altersgemäßen neuen Lebensstil zu entwickeln, neue Interessen ausfindig zu machen und einen Wechsel der Lebensperspektive anzugehen, sind nahe liegende Aufgaben. Wenn wir uns dem Alter stellen, sind persönliche Entfaltungen möglich. Das Alter einzulassen, wenn es anklopft, bedeutet kein Ende der Lebensfreude, sondern nur ein »Anders«, das wir gestalten können.

Bereits als Endfünfziger verspürt Max gelegentliche Müdigkeitsphasen, die er vorher nicht kannte. »Ist das jetzt das Alter?«, fragt er sich. Die Veränderungen treten zunächst nur als leichte Leistungsschwankungen bei der Konzentration und bei körperlichen Belastungen auf. Es sind keine durchgehenden Veränderungen, nur minuten- oder stundenweise Abweichungen von der Normalform, die er ganz gut akzeptieren und ausgleichen kann. Aber sie kommen regelmäßig in immer kürzeren Abständen wieder.
Max gewöhnt sich an das schubweise Altern mit dem leistungsmäßigen Einknicken, das ihm deutlich macht, dass die Lebenstreppe jetzt abwärts verläuft. Er hat aufgehört, sich krampfhaft dagegen zu wehren. Vielmehr verwendet er seine Aufmerksamkeit nun dazu, die Treppe möglichst elastisch, in flüssigen Bewegungen und in guter Haltung zu gehen.

Jeder altert auf eigene Rechnung.
Jede Handlung und Nichthandlung
formt unser Gesamtverhalten.
Dieses Prinzip der funktionalen Entwicklung
gilt für alle Menschen.

Wie altern die Geschlechter und Paare?

Werden Frauen benachteiligt?

Veränderungen des Körpers finden bei beiden Geschlechtern statt. Altern Frauen anders als Männer? Im Gesicht zeichnen Falten die Linien des Lebens nach, was bei Frauen meist mehr beachtet wird als bei Männern. Ein ungerechtes Schönheitsideal suggeriert den Frauen das äußerlich sichtbare Altern als Einbuße ihrer Lebensqualität. Männer dürfen oft schon in der Mitte ihres Lebens »außer Form« geraten, ohne dass sie eine Abwertung ihrer männlichen Erscheinung zu befürchten haben. Aber dafür sterben die Männer (statistisch gesehen) früher. Frauen verfügen über ein größeres Maß an seelischer und geistiger Kraft. Warum benachteiligt ein übertrieben gepflegtes Jugendideal in unserem Kulturkreis vor allem die Frauen? Ihre um rund sechs Jahre höhere Lebenserwartung wäre ein fragwürdiger Gewinn gegenüber den Männern, wenn es nur um die Verlängerung der weiblichen Einsamkeit ginge. Zum gerechten Ausgleich zeigt sich, dass Frauen viel leichter als Männer zu Vernetzungen in Gruppen und intimen Freundschaften in der Lage sind.

Nicht nur prominente Beispiele erwecken den Anschein, als hätten die Männer mit dem Älterwerden weniger Probleme: Weit mehr alternde Männer gehen neue Verbindungen mit jungen Frauen ein, als das umgekehrt der Fall ist. Aber die Zahl der Frauen, die sich von ihren allzu behäbig gewordenen Männern trennen, steigt langsam.

Der neue Wert alter Beziehungen

Ältere Paare hingegen haben – Gesundheit vorausgesetzt – die besten Aussichten, dies auch zu bleiben. Statistiken über Scheidungen sagen aus, dass eher die jüngeren Paarbeziehungen von inneren und äußeren Störungen bedroht sind. Goldene und Diamantene Hochzeiten sind nicht mehr außergewöhnlich. Das

Leben in einer Paarbeziehung bildet angesichts der künftigen Unsicherheiten bei der Pflegebedürftigkeit eines Partners einen hohen Wert in sich. Der Satz »Bis dass der Tod euch scheidet« erhält eine neue Bedeutung, wie Herrad Schenk in ihrem Buch »Der Altersangst-Komplex« beschreibt.

Max und Eva freuen sich auf den vor ihnen liegenden Lebensabschnitt. Nachdem sie die nicht so angenehmen, aber wichtigen Themen wie Testament, Patientenverfügung und Generalvollmacht gemeinsam klären konnten, bleiben ihre Unterschiede bei dem Reizthema »Organspende« bestehen. Nur Eva ist bereit, im Falle eines Unfalls gefragte Organe für Patienten zu spenden.
Beide wissen, dass alle Pläne für eine schön gestaltete Zukunft durch eine plötzlich auftretende Krankheit zerstört werden können. Diese kaum zu beeinflussende Ungewissheit macht ihnen aber keine Angst, sondern motiviert sie, bewusst in der Gegenwart zu leben.

»Deutschland braucht seine alten Menschen mehr denn je …«
Familienministerin Ursula von der Leyen beim Deutschen Seniorentag, 2006

Moderne Großeltern

Es ist ein weitverbreiteter Herzenswunsch der Älteren, ihren Enkeln liebenswerte Großeltern zu sein. Wahre Ströme des Glücks fluten in beide Richtungen, wenn diese Beziehungen gelingen. Durchaus verständlich, dass sich unsere Kinder vor dreißig Jahren so entspannte und tolerante Eltern gewünscht hätten, wie wir es heute als Großeltern sein können. Gerade weil wir von der Erziehungsverantwortung entbunden und nur für eine begrenzte Zeit als Großeltern aktiv sind, bieten sich gute Chancen, diese Kontakte zum Weitergeben dessen, was uns für die Entwicklung der Kinder wichtig erscheint, zu nutzen. Allerdings sollten unsere Wissensvorsprünge nicht als Besserwisserei, sondern als einfühlsame, kindgerechte Anregungen angeboten werden.

Lesen und Naturbeobachtung anregen

Eine hervorragende Möglichkeit stellt das Vorlesen dar. Bei etwas größeren Enkeln kann das geduldige Heranführen an die Tageszeitung einen Grundstein für ein lebenslanges Interesse legen. Das Erklären von Bildern und lustigen Karikaturen eignet sich als Einstieg und gleicht dem Öffnen einer Tür in neue Verstehenswelten der Kinder.

Beim »Spazierstehen« mit den Kleinen oder Rundgängen mit den Größeren in der Natur kann das gemeinsame Beobachten einer fleißigen Ameise oder einer tanzenden Libelle als Schlüsselerlebnis dienen, wenn unsere Erklärungen ins Schwarze, d. h. die Verständnisebene der Kinder treffen.

Großeltern als willkommene Geheimnisträger und Verbündete

Im Gegenzug lernen moderne Großeltern den Umgang mit den elektronischen Medien am besten von den »Kids«, die in dieser Medienwelt aufwachsen. Nicht selten entwickeln sich Großeltern als »prima« Partner bzw. Mentoren für ganz spezielle Gespräche, bei denen die ältere Generation als Kummerkasten, als verschwiegene Geheimnisträger, als Natur-Lehrer, Wertevermittler oder einfach nur als Zuhörer und Ruhepunkte gefragt sind. Als wichtiger Ausgleich zu der technisierten, kalten Welt eignen sich Enkelbeziehungen bestens zur Behandlung gefühlsintensiver Themen, wie Liebe, Trauer und Tod, die dem jeweiligen kindlichen Interesse anzupassen sind.

Der gesellschaftliche Rahmen

Es kommt nicht darauf an, die Zukunft vorauszusagen, sondern darauf, auf die Zukunft vorbereitet zu sein.
Perikles

Droht der demografische Kollaps?

Eine der großen sozialpolitischen Herausforderungen unseres Landes stellt der wachsende Anteil der Alten in der Bevölkerung dar. Seit Mitte der 70er-Jahre ist die Geburtenrate in Deutschland dauerhaft zu niedrig; die Zahl der deutschen Einwohner schrumpft. Der Anteil der Über-70-Jährigen hat sich seit 1955 verdoppelt. Man spricht von einer Überalterung der Gesellschaft, die aber in Wirklichkeit eine »Unterjüngung« (Ursula Lehr) ist. Wenn die starken Geburtenjahrgänge der 60er-Jahre in das Rentenalter kommen – das wird ab 2020 sein –, verschärft sich die Schieflage der Altersstruktur möglicherweise zum Konflikt.

Das Problem: zu viele Alte, zu wenig Junge

Als Bismarck die Sozialgesetzgebung einführte, lag das Berufseintrittsalter bei 15 und das Renteneintrittsalter bei 70 Jahren. Die 15- bis 70-Jährigen finanzierten die Renten der damals zwei Prozent Über-70-Jährigen. Heute stehen 100 Berufstätigen 42 Rentenberechtigte gegenüber; bis 2030 werden es 82 Rentner sein. Diese Entwicklung muss man als dramatisch bezeichnen, weil die soziale Symmetrie der Generationen gestört sein wird. Sind es nur die Schwarzseher, die von einem bevorstehenden Krieg der Generationen sprechen? Wird die zukünftige, gealterte Gesellschaft so aussehen?

Kampf der Generationen?

- Jeder dritte Erwachsene wird über 60 Jahre alt sein.
- Das Konsumverhalten wird sich verändern; die Werbung wird sich vom Jugendwahn lösen und auf die Zielgruppe der Alten einstellen.
- Alte Menschen werden nicht nur im Sportverein dominieren, sie entscheiden zukünftig auch die Wahlen.

▷ Den Gewerkschaften ähnlich, wird es neue mächtige Interessenvertreter der Alten geben.
▷ Altenwohnplätze und pflegerische Dienstleistungen werden knapp und teuer; wer wird in 40 Jahren die heute 40-Jährigen pflegen?
▷ Das Klima zwischen den Generationen wird sich massiv verschlechtern. Jugendliche werden die Alten vermutlich als Bedrohung empfinden, weil sie ihre Zukunftsaussichten schmälern.
▷ Viele Schulen werden für Seniorenaktivitäten zur Verfügung stehen.

Die Situation wird noch dramatischer durch die Ungewissheit, wie viele der Jungen dann überhaupt noch eine Arbeit finden werden. Die einzige Chance für die Jungen, in ihrem Leben zu Wohlstand zu gelangen, scheint das Erben zu sein. Der Hinweis auf die zunehmende Lebenserwartung schiebt die Erfüllung derartiger Wünsche jedoch hinaus. Die Jungen werden neidisch auf uns werden, wenn sie erkennen, dass sie nicht auf dem Niveau leben können, das wir heute erreicht haben.

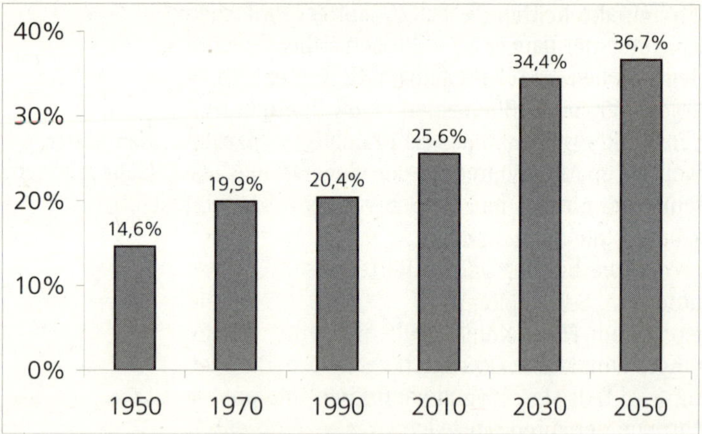

Anteil der Über-60-Jährigen an der Gesamtbevölkerung in Deutschland von 1950 bis 2050 (Prognose) Quelle: Statistisches Bundesamt

Trotzdem muss klar sein, dass die Versorgung der Alten keine Almosen sind, sondern durch jahrzehntelange Beiträge der Bürgerinnen und Bürger persönlich erworbene Rentenansprüche! Ältere können nicht nur durch Eigenvorsorge auf Rentenkürzungen reagieren. Da helfen die Sprachblüten von Autoren wie Heidi Schüller (»Die Alterslüge«) wenig, die von einer Diktatur des Alters spricht und »den real existierenden Seniorismus« gern schon überwunden hätte. Solche und ähnliche Aussagen schüren lediglich Konflikte, zeigen aber keine Lösungsmöglichkeiten auf.

Seltsam, wie konservativ die Menschen werden, wenn sie das Geringste zu verlieren haben.
Thomas Niederreuther

Rente mit 67

Ältere wieder auf dem Arbeitsmarkt?

Der neuen Festschreibung des gesetzlichen Renteneintrittsalters in Deutschland wird zu viel Beachtung geschenkt. Es scheint eine vorläufige Maßnahme zu sein. Noch gehen die Menschen in Deutschland lange vor dem gesetzlich festgelegten Alter in Pension. Obwohl eine Kürzung der Renten de facto seit 2003 im Gange ist, geht es den meisten der 20 Millionen Rentnern noch gut. »Nur« 1,4 Prozent von ihnen erscheinen im Armutsbericht 2005 der Bundesregierung.

Die Inflation zehrt an der Rente. Das »goldene Rentenalter« ist ein Auslaufmodell, eine Besteuerung der Alterseinkünfte hat begonnen. Wenn die Renten weiter sinken, ist die Einstellung, dass das letzte Lebensdrittel von Erwerbsarbeit ganz frei bleiben müsse, neu zu überdenken. Sehr diplomatisch sprach der deutsche Bundespräsident Horst Köhler beim Deutschen Seniorentag in Köln im Mai 2006 von »neuen Zumutungen«. In Zukunft wird das Leistungspotenzial der Älteren eine Neubewertung erfahren. Diese Alten sind größtenteils gut ausgebildet, fit und kreativ. Eine Diskussion darüber, ob starre Altersgrenzen noch in unsere Zeit passen, steht bevor. Als sinnvollste Lösung erscheint eher eine fle-

Flexible Altersgrenze als Lösung

xible Altersgrenze mit individuellen Entscheidungsmöglichkeiten, weil dann die Motivierten weiterarbeiten können und niemand mehr vor dem Verschlissenwerden Angst haben muss.

Lasset uns am Alten,
so lang es gut ist, halten.
Aber aus gutem Grunde
Neues wirken, jede Stunde.
Hausinschrift in Mittenwald

Das Altersklischee aufbrechen

Nur noch altes Eisen ...

»Ich dachte mir schon, dass Sie bald wiederkommen; in Ihrem Alter arbeitet die Zeit für uns.« So begrüßt mich die Assistentin meines Zahnarztes. Aha, mein Zahnarzt rechnet also mit, wann mich die verbliebenen Zähne wohl nach und nach verlassen werden. War diese Begrüßung nur ein locker gebrauchter Spruch oder steckt dahinter eine Facette des gängigen Altenbildes, wonach die Älteren nur noch von Abbau und Verlust auszugehen haben?

Frank Schirrmacher beschäftigt sich in seinem Buch »Das Methusalem-Komplott« einige Kapitel lang mit dem Defizit-Modell des Alters. Scharf und kantig zeichnet er die unterschiedlichen Argumentationslinien der Gesellschaft nach, die alte Menschen systematisch mit Inkompetenz-Unterstellungen bis hin zur Diffamierung abwerten. Ihm gefällt es, gängige Vorurteile und sogar medizinisch begründete Klischees anzuführen, wonach die Älteren einfach zu nichts mehr nützlich seien. Schirrmacher benutzt die provozierenden Formen und Formulierungen, um wach zu rütteln. Letztlich ruft er zu einer neuen Selbstdefinition des Alterns auf, an der die heutigen und künftigen Alten entscheidend selbst mitgestalten sollen.

Der Ansicht, dass Ältere doch eigentlich nur ihr persönliches Wohlergeben zu organisieren bräuchten, muss widersprochen werden. Wir müssen das Altern neu lernen und ohne Scheuklappen denken. Ein »Aufbruch«

... oder Zeichen des Aufbruchs?

in der älteren Generation hat bereits begonnen. Man hört und liest von mutiger Lebensgestaltung, die eine Basis bildet für neue Lebensentwürfe und Planungen.

Die Zahl dieser jungen Alten, die ihr Leben angesichts der großen Freiräume und oft auch wirtschaftlicher Unabhängigkeit noch einmal ganz bewusst in die Hand nehmen, wächst unaufhaltsam. Herkömmliche Betreuungsangebote für Senioren werden – hauptsächlich in Städten – von den jungen Alten abgelehnt. Waren es zunächst Ausnahmen, wie sie zum Beispiel in dem Film »Der große Bellheim« dargestellt werden, so entdecken immer mehr Ältere ihre Potenziale und entwickeln ein ermutigendes, positives Lebensgefühl, das auf die Entwicklung einer neuen Alterskultur hinweist.

Die zwischen 1930 und 1950 Geborenen haben vieles in ihrem Leben angepackt und oft ohne entsprechende Ausbildung kreativ nach dem Motto »Not macht erfinderisch« gelöst. Sie werden auch diesmal Strategien entwickeln, die ausreichend Achtung bei den Jungen auslösen und gleichzeitig das Selbstwertgefühl stärken. Es gibt viele Wege zu einer ganz persönlichen Pionierarbeit. Diese Pionierarbeit besteht aus ständiger Wechselwirkung von handeln, erkennen und lernen.

Pioniere einer neuen Alterskultur

Hier einige Beispiele, die zeigen, wie lebendig ältere Menschen ihre Zukunft gestalten: Da ist die 70-Jährige, die ihr Haus umgestalten ließ, um ein Wohnprojekt mit Menschen unterschiedlichen Alters aufzubauen; der Naturfreund, der trotz Krankheit eine Ökologie-Initiativgruppe monatlich in seinen Partykeller zu Sitzungen einlädt; der 73-Jährige, der Chinesisch lernt, um beim Aufbau einer humanitären Organisation in China zu helfen; der 75-Jährige Doktorand; die Ex-Sekretärin, die sich für die Kinder aus Tschernobyl engagiert; Handwerksmeister, die als Paten für Lehrstellsuchende auftreten; ein ausgeschiedener Manager, der den Vorsitz in einem renommierten Tennisclub übernommen hat ... Andere ziehen ohne Zwang in eine neue Stadt, zu der sie langfristig eine starke Sympathie entwickelt haben.

Der Ruhestand
Noch unsicher lächelnd steht er in der Tür,
der Ruhestand öffnet den Weg zur Kür.
Doch kurz dahinter lehnt an der Wand
sein feiger Bruder, als Stillstand bekannt.

Die »stehenden« Brüder vermeiden Bewegung,
berauben uns geistiger Flüge und Regung.
Beide ringen um unsere Seele:
Erkenne dich selbst – prüfe und wähle.

Den Begriff »Ruhestand«abschaffen?

Eine nachberufliche Lebensphase dieses Ausmaßes, wie es sich heute abzeichnet, hat es in der Menschheitsgeschichte noch nicht gegeben. Die meisten der jungen Alten sind gesund, wirtschaftlich abgesichert und engagiert. Unser Land verfügt über ein noch nie gehabtes Potenzial an Erfahrung und Innovation. »Altsein« ist kein Synonym für »wertlos«!

Nur ein Teil dieser neuen Schicht wird sich in den bestehenden kommerziellen, oft oberflächlichen Unterhaltungsfeldern »für Senioren« auf Dauer wohlfühlen. Die anderen werden neue Aufgaben suchen, weil sie klug genug sind zu wissen, dass sie mit Eigeninitiative am besten ihr Selbstwertgefühl aufbauen, ihre Zufriedenheit finden und somit länger fit bleiben. Bei der Suche nach erfüllenden Tätigkeitsfeldern prüfen sie bestehende Angebote und die veröffentlichten Erfahrungen anderer.

Alt ja, aber nicht senil oder faul

Die heutigen »Ruheständler« wollen etwas unternehmen. Sie gründen Bürgerinitiativen und treten hartnäckig für die Verwirklichung von Zielen ein. Zunehmend treten sie Organisationen und Vereinen bei. Einige suchen sich Partner, mit denen sie die Einrichtungen, die ihnen vor Ort zu einem befriedigenden Leben fehlen, selbst entwickeln. Sie gründen (ohne bürokratischen Firlefanz) eine »Wir-AG« oder einen Verein, suchen sich Sponsoren und gehen mutig an die Arbeit. Erfreulicherweise werden oft Unterstützungen (Räume, finanzielle Starthilfen) sowohl von der Industrie als auch von öffentlichen Einrichtungen nach Vorlage eines plausiblen Konzeptes gewährt. So entstehen Informations- und Tauschbörsen, »bewegte« Gruppen für Patenschaften sowie Projekte für aktuelle Katastrophenhilfe, zur Friedenssicherung und im Rahmen der Entwicklungshilfe und für Organisationen wie UNICEF. Neue Initiativen im Naturschutz oder zur Unterstützung sozialer Randgruppen treten an die Öffentlichkeit oder arbeiten in aller Stille. An Hochschulorten entstehen neue Modelle zum altersgemäßen Lernen für studierwillige junge Alte.

Hat diese Phase des lebendigen Suchens, Experimentierens, dieses Anpacken aus eigener Freude und zum Nutzen anderer nicht einen treffenderen Namen als »Ruhestand« verdient? Rein sprachlich passt diese Bezeichnung, die aus zwei statischen Wortteilen besteht, nicht mehr in die heutige Situation, in der sich eine neue Dynamik für diese Lebensphase herausformt. Mein Anstoß zielt darauf, das Wort »Ruhestand« bald durch einen neuen, attraktiveren Begriff zu ersetzen, weil die Bezeichnung dem künftigen Rollenbild der Älteren nicht mehr gerecht wird. Vielleicht wird es auch in Zukunft nicht gleichgültig sein, auf welchem Wege dieser Status erreicht wurde, ob es sich um ausgebrannte oder ausgebrochene, um freigesetzte oder freiwillige »Ruheständler« handelt.

»Ruhestand« ist als Bezeichnung nicht zukunftstauglich

Horst W. Opaschowski hat bereits 1998 mit einer Fachtagung zu dem Thema »Schafft den Ruhestand ab« die Öffentlichkeit provoziert. Das Ministerium für Familie und Senioren sowie die unterschiedlichen Altersverbände hatten erkannt, dass sich eine leise Revolution der Lebensstile älterer Menschen vollzog, die als Strukturveränderungen in der Gesellschaft zu berücksichtigen sind. Auszüge der damals entwickelten Leitthesen sind hier zusammengefasst:

- ▷ Für die sich abzeichnenden Veränderungen in der nachberuflichen Lebensphase gibt es keine Vorbilder.
- ▷ Wirtschaft, Wissenschaft und Politik müssen die gesellschaftliche Anerkennung auch unbezahlter Arbeit neu definieren und sich verantwortlich fühlen.

- ▷ Die Erfahrung der aus dem Erwerbsleben Ausscheidenden wird für Mentoren- und Patenschaftsaufgaben dringend gebraucht.
- ▷ Indem die Älteren Solidarität zwischen Jung und Alt praktizieren, leisten sie einen wichtigen Beitrag zum Konsens der Generationen.
- ▷ Die Generation in der nachberuflichen Lebensphase stellt in Zukunft das größte Kundenpotenzial dar.

Erwartungen an die Politiker bestehen weiter

Leider haben die Ergebnisse der Fachtagung in den folgenden Jahren wenig bewirkt. Besonders die angesprochene Verantwortung von Wirtschaft und Politik muss erneut eingefordert werden. Die Gesellschaft altert, die Lebenserwartung steigt, die Erwerbstätigen, die eine volkswirtschaftliche Basis erarbeiten müssen, nehmen ab. Das Thema der älter werdenden Gesellschaft muss dringend auf die Tagesordnung der großen Politik!

Altern ist nichts für Feiglinge.
Christof Wilhelm Hufeland

Generation ohne Muster und Namen

Die meisten »Alten« fühlen sich heute jünger, als sie es real sind. Angemessene Ziele und entsprechende Aktivitäten dienen als eine Lebensleitlinie, die das Altern weniger bewusst macht. Im Rahmen der Altersstudie von Baltes u. a. (siehe Seite 188) wird festgestellt, dass es sich bei dem »Jüngerfühlen« nicht um einen Selbstbetrug handelt, sondern dass ein aktiver, verjüngender Lebensstil eben dieses Bewusstsein hervorruft.

Keine klare Altersspanne für junge Alte

Die »jungen Alten« sind keiner Altersspanne klar zuzuordnen. Die zuständige Bundesministerin Ursula von der Leyen versteht vorerst die 55- bis 65-Jährigen darunter. Sind die jungen Alten auch eine Generation ohne Muster und ohne Namen? Wir beobachten, wie traditionelle Altenbilder zerfallen. Unsere Zeit wird neue erschaffen. Die jungen Alten stehen im Zentrum gravierender Veränderungsprozesse. Als die heutigen Alten jung gewesen sind, erschienen alte Menschen einfach alt. Durch – schlecht bezahlte – körperliche Arbeit und Kriegsleid mehr und minder gebeugt und verbraucht, verriet auch ihre Kleidung, ihre Frisur und ihr Verhalten, dass sie nur noch wenig von ihrem Leben erwarteten. Die Renten waren klein; Rentner galten im Allgemeinen als arm.

Gravierende Veränderungsprozesse sind im Gange

Wie stark sich das Bild der Alten verändert hat, bekunden heute fitte 80-Jährige. Mit ihrer Selbsteinschätzung, sie seien noch lange nicht alt, beweisen sie ihren Willen zur Selbstständigkeit in einem Alter, in dem sie sich früher längst auf einen ruhigen, würdigen Platz in der Großfamilie hätten zurückziehen können. Ihre Lebensaufgaben waren damals offensichtlich erfüllt. Und heute?

Moderne Alte sind aktiv

Besonders in der Touristikbranche und in den Sportvereinen tritt ein neues Altenbild hervor. Modernes Outfit, Beweglichkeit und Aufgeschlossenheit sowie der Mut zum Neuen lassen keinen Vergleich zur Altengeneration in früheren Zeiten zu.

Offenbar ist die heutige Generation der Älteren nicht nur eine Generation ohne Vorbilder, sondern auch eine ohne Namen. Sie möchte nicht mehr Rentner, Ruheständler oder Pensionäre und schon gar nicht Senioren genannt werden. Die Alterswissenschaft tendiert zu einer Aufteilung in »junge« und »alte« Alte mit fließenden Übergängen. Lediglich die »Hochbetagten« ab 90 und die »Langlebenden« ab 100 Jahren scheinen als Bezeichnungen unumstritten.

Nicht ohne Humor ist der Vorschlag von Ursula Lehr, früher Ministerin für Familie, Jugend und Senioren, die drei Alterskategorien mit den Namen »Go goes«, »Slow goes« und »No goes« versieht.

Klingt »die Gerontos« besser als »die Rentner«?

Im antiken Sparta wurden sehr geachtete Über-60-Jährige zu Mitgliedern des überaus mächtigen und angesehenen Ältestenrates gewählt: die »Geronten«. Ob dieser bei uns neutrale Begriff, vielleicht in einer moderneren Sprachform, eine Option sein kann, stelle ich hiermit zur Diskussion.

Die Meinung, dass die vorzeitige Entpflichtung vieler Über-55-Jährigen von der Arbeit falsch gewesen sei, gewinnt an Bedeutung. Einige Branchen beklagen schon jetzt einen erheblichen Fachkräftemangel. Opaschowski macht in seinem Buch »Wir werden es erleben« darauf aufmerksam, dass anstelle der Drei-Generationen-Gesellschaft eine neue Generation entsteht: Die traditionelle Altersgrenze für den Eintritt in den Ruhestand hat sich von 65 um rund fünf Jahre nach vorne verschoben. Die Vitalität dieser Menschen, die bald ein Drittel der Bevölkerung ausmachen, lässt uns von einer neuen Generation zwischen Lebensmitte und Lebensabend sprechen. Bringen wir hier noch die ständig steigende Lebenserwartung ins Spiel, wird deutlich, dass eine – demografisch– zahlenstarke Generation, von der Berufsarbeit befreit, quasi einen »freien Lebensnachmittag« vor sich hat. Dieser Lebensabschnitt ist also keine »Restzeit«, sondern eine gestaltbare Etappe, die bis zu einem Viertel der Lebensdauer ausmachen kann.

Ein freier Nachmittag vor dem Lebensabend

Gibt es ein Erwachen der »grauen Macht«?

In Zukunft könnten diese Alten Wahlen entscheiden, wenn sich Parteien wie beispielsweise die Generationenpartei »Die GRAUEN – Graue Panther« markanter als bisher als Interessenvertreter dieser Altersgruppe profilieren würde. Aber bisher mangelt es noch an dem Wunsch, sich als Generation zu solidarisieren, obwohl die Alten im Deutschen Bundestag zu schwach vertreten sind. Nur weniger als ein Prozent der Abgeordneten ist über 65, was bei den altenbezogenen Problemen in naher Zukunft nachdenklich machen sollte. Über die bekannten Formen im Verein, in Gemeinschaften und in Initiativen oder Hobby-Zirkeln hinaus sind politische Aktivitäten die Ausnahme.

Zukunftsforscher gehen davon aus, dass bestimmte Hauptmerkmale, die man den klassischen Generationen bislang zugeordnet hat, wie Jugend mit Lernen, Erwachsenenalter mit beruflichem Werdegang und Familiengründung und Alter mit Ruhestand, in Zukunft so keinen Bestand mehr haben werden. Man erwartet eine »Gleichzeitigkeit der Generationen« (Leopold Rosenmayr), was bedeutet, dass jedes dieser Merkmale auch anderen Lebensabschnitten zugeschrieben werden darf. Seniorenstudenten und die wachsende Zahl

Neue Rollenbilder verdeutlichen den gesellschaftlichen Wandel

von generationsübergreifenden Neuvermählungen machen diesen Trend bereits heute sichtbar. Für die jungen Alten heißt das, angesichts zu erwartender Pflege- und Versorgungsengpässe nicht auf einen passiven Ruhestand hin zu leben, sondern alles zu tun, was einer langen Selbstständigkeit dienlich scheint.

Gesellschaftlicher Wandel vollzog sich zu allen Zeiten. Die Menschen fanden immer Wege der Anpassung und Bewältigung. Die heutigen jungen Alten werden dabei wachsam und aktiv sein müssen, um ihren Teil an der Herausforderungen der Zukunft zu erkennen und zu leisten.

Das Alter ist wie ein Schiff
mit einer Fracht voller Lebenserfahrung.
Antoine de Saint-Exupéry

Lernziel: Alterskompetenz

Alter als Gabe und Aufgabe

Das Alter in einer guten Verfassung zu erleben, ist sowohl Gabe als auch Aufgabe. Der Weg in der nachberuflichen Phase lehrt uns Mühe und Muße in einem freiwilligen, selbstbestimmten Rhythmus einzurichten. Alterskompetenz ist zunächst eine ganz persönliche Angelegenheit, unter der zu verstehen ist, für seinen Alterungsprozess möglichst lange verantwortlich und zuständig zu sein. Am Anfang steht, eine Lebenseinstellung zu entwickeln und zu festigen, die das Alter trotz seiner Krisen und Schwächen bejaht. Das mutige, aktive Überwinden der irgendwann auftauchenden Phase, in der die Gefühle des Abbaus und des Verlustes dominieren, ist eine Aufgabe, die noch ungelöst und weitgehend unbekannt vor uns liegt. Das eifrige Bauen an einem geistigen Gerüst zum tapferen inneren »Zusammenreißen« verspricht zugleich eine späte individuelle Entwicklung im Sinne der Alterskompetenz.

Ganz gleich in welcher Rolle, ob als Familienmitglied oder in einer ehrenamtlichen Funktion, ob als Freund oder Berater, verfügen wir Ältere über ein Plus, dessen Gewichts wir stets gewiss sein dürfen. Wir ha-

Attraktive Erfahrungen für die Jungen

ben in Jahrzehnten reichlich Lebenserfahrungen gesammelt und eine Verantwortungsbereitschaft entwickelt, die als Basis für die Alterskompetenz dienen: Erfahrungen, die für uns wertvoll sind und für andere attraktiv sein können. Auch wenn sich Sachverhalte verändert haben und Abläufe modernisiert wurden, unsere Menschenkenntnis und unser Sachverstand sind ein Potenzial. Wir können vielerorts zu konstruktiven Lösungen beitragen. Wir dürfen couragiert unsere Meinung sagen; wir sind so unabhängig wie noch nie und müssen nichts mehr werden oder beweisen. Trotzdem stehen uns Weitblick und Gelassenheit gut an.

Die Erweiterung der Alterskompetenz beginnt in unserem Kopf mit der Bereitschaft, Neues aufzunehmen. Bei der Entfaltung unserer Person spielen gesellschaftliche Teilhabe und Bildung eine gleich wichtige Rolle. Bildung heißt nicht immer Wissenserwerb oder Kenntniserweiterung, sondern auch im Alltag Entscheidungen mit klugen Einsichten zu verknüpfen.

Was ist mir noch wichtig?

Alterskompetenz im ganz persönlichen Bereich führt zu der Frage »Was ist mir (noch) wichtig?« Nicht nur erbauliche Literatur und tiefer gehende Gespräche, sondern auch neuartige Begegnungen mit der Kunst, Vortrags- und Seminarbesuche oder »philosophische« Spaziergänge zu zweit können uns Antworten auf diese Frage näher bringen. Die Antwort kann auch in einer beseelenden Mitwirkung in bestehenden oder noch zu gründenden Organisationen, Vereinen oder Initiativen liegen. Vielleicht entdecken wir die Chance, uns einen Lebenstraum zu verwirklichen. Wir haben uns doch auf die nachberufliche Zeit gefreut. Jeder entscheidet für sich, ob durch das Weichenstellen in die Zukunft vielleicht ein Spurwechsel erfolgt. Das hieße, für ein neues Ziel viel Energie bereitzustellen. Häufiger wird es um das bewusste Spurhalten gehen.

»Sei der Unternehmer deines Daseins«

Der Erwerb der Alterskompetenz wird begleitet von dem Leitsatz: »Sei der Unternehmer deines Daseins«. Vertiefen und unterstreichen wir die darin liegende Ermutigung zu Aktivität, dann erfahren wir ganz persönlich, was es heißt, dem bekannten Leben nicht einfach Jahre hinzuzufügen, sondern in den verbleibenden Jahren neues Leben zu erschließen.

Max reibt sich nachdenklich die Stirn. Gerade liest er über die beängstigende Zukunft bei der Rentenentwicklung. Er hatte sich die Folgezeit nach über 40 Berufsjahren urlaubsähnlich und sorgenfrei ausgemalt. Er wollte wie ein »Freizeitmillionär« mit Eva leben.
Noch unformulierte Wünsche haben seine Tagträume bunt gefärbt. Jetzt ist er etwas unsicher, weil er nicht weiß, ob ihn die »demografische Keule« nur streift oder voll trifft. Soll er sich noch einmal einschränken oder wie in seiner Jugend verzichten müssen, weil offenbar magere Jahre anstehen? Max ist bereit, noch einiges zu leisten und kann auch Verantwortung übernehmen, wenn es nötig ist. Aber eigentlich will er doch jetzt das Leben mehr genießen und sich nur noch da engagieren, wo es ihm wirklich Spaß macht. Kommt der Rat mit der Zeit ...?

Gegenüber der Fähigkeit,
die Arbeit eines einzigen
Tages sinnvoll zu ordnen,
ist alles andere im Leben
ein Kinderspiel.
Johann Wolfgang von Goethe

Mit der Zeit umgehen

Als Kind hatte Max immer genügend Zeit, außer, wenn er das eine und andere Mal die Hausaufgaben noch schnell vor der Schule zu erledigen gehofft hatte, was meistens schief ging. Später veränderten private und berufliche Pflichten seine Erfahrungen mit der Zeit immer mehr in Richtung Knappheit. Pünktlichkeit, Disziplin und eine »Zeitordnung« wurden wichtige, feste Lebensbegleiter. Die Berufskarriere verlangte mehr und mehr eine straffe Zeitplanung. Jetzt, nach dem bestandenen Berufsmarathon, wird Max der Wert der Zeit neu bewusst. Es käme der Entdeckung einer Goldader gleich, wenn sich Zeit, in der schließlich alles geschieht, »anders« nutzbar machen ließe.

Da sich Max die Zeit ohne Übersicht und Ordnung nicht vorzustellen vermag, klärt er zuerst seine Interessen ab und bringt sie als Vorhaben in eine Reihenfolge. Ganz ohne Planungsgedanken möchte Max aus Angst vor der Leere nicht leben. Also erst die Nilreise und dann den »Jakobsweg« oder umgekehrt?

Ein spannendes Ehrenamt lockt ihn ebenso wie das Auffrischen seiner Französischkenntnisse. Er will sowohl viel mit Menschen zu tun haben als auch stille Zeiten ganz für sich.

Daneben will er Eva mehr im Haushalt unterstützen und mit ihr besprechen, was man alles zu zweit machen könnte. Gemeinsame Vorhaben versprechen ihm eine angenehme Würze der vor ihnen liegenden Zeit. Dass sie beide jetzt morgens in aller Ruhe frühstücken und den Tag planen können, ist eine der ersten schönen Erfahrungen in dem neuen Lebensabschnitt.

Zeit der Kür

Lebenszeit vervielfältigt sich für den,
der sie gut gebraucht.
Wilhelm Schmid

Ist Zeit fassbar?

Wir wurden irgendwann in diesen ewigen Zeitstrom, der uns fortträgt, hineingeboren. Manchmal spüren wir das Verstreichen der Zeit und möchten sie mit Erlebnissen und Taten anreichern. Wir möchten mehr von der vorbeifließenden Zeit für uns gewinnen, wenn wir sie schon nicht anhalten können. Wir können jedoch mehr aus der Zeit machen, wenn wir uns nicht im Lebensstrom einfach treiben lassen.

Eigene Gedanken über die Zeit machen

Unser Dasein ist ohne Zeit nicht denkbar. Trotzdem haben wir Schwierigkeiten zu definieren, was Zeit ist. Namhafte Wissenschaftler und Philosophen wie Einstein oder Bloch haben über die Zeit nachgedacht und anregende Ergebnisse hinterlassen. Jetzt sind wir an der Reihe, uns über diesen unsichtbaren Lebensbegleiter »Zeit« eigene Gedanken zu machen.

Was ist Zeit?

Die kurze Drei-Wort-Frage, an eine Gruppe, beispielsweise in einem Volkshochschulkurs gestellt, löst schnell eine erstaunliche Vielfalt an Gedanken und Antworten aus:

- Zeit ist unwiederbringlich, wertvoll, einmalig und doch immer da.
- Zeit wird von Menschen begrenzt, wirkt als Bedrohung und Chance zugleich.
- Zeit macht Langweile bewusst, wenn sie quälend langsam verrinnt.
- Sie scheint endlos. Wir sollten sie in Abschnitte packen.
- Die Menschen entwickeln persönliche Strategien, um einen Teil der Zeit so zu verbringen, wie sie es wünschen (»strukturierte Zeit«).

- ▷ Zeit eröffnet im religiösen und philosophischen Denken ganz neue Räume.
- ▷ Nach Immanuel Kant ist Zeit die formale Bedingung für alles Geschehen und Leben.
- ▷ Zeit verdichtet sich in Glücksmomenten.
- ▷ Und was ist »Eigenzeit«?
- ▷ »Freie Zeit« signalisiert wenig oder gar keine Pflichten, erhellt den Geist und weckt Aktivitäten nach dem Lustprinzip. Sie gibt auch die Chancen für Ruhe, Innehalten zum Nachdenken.

Der Umgang mit der Zeit will nach jahrzehntelanger Fremdbestimmung im Berufsleben neu eingeübt werden. Methoden des Selbstmanagements können beim Strukturieren der Zeit hilfreich sein:

- ▷ Erkunden des eigenen Rhythmus: Bin ich Früh- oder Spätmensch?
- ▷ Lieber viel planen oder spontan und »frei« handeln?
- ▷ Wie viel zeitliche Ordnung braucht mein Leben: Was kann ich loslassen, was kann ich einschränken und worauf kann ich verzichten?

Wie viel zeitliche Ordnung braucht das Leben?

- ▷ Was sind meine Zeitfallen: Dauertelefonate, ungebetene Besuche, Unentschlossenheit?
- ▷ Selbsterkenntnis-Übungen und die Frage nach der Disziplin-Bereitschaft stehen an.
- ▷ Ist die Aufschieberitis mein Problem?

Die zurückgelegte Lebenszeit hat uns geprägt. Eltern, Geschwister, Freunde, Lehrer, Kollegen und nicht zuletzt Partner haben uns durch ihr Verhalten gezeigt, welche Werte in unserem Kulturkreis das Zusammenleben regeln. Die meisten von uns Älteren haben einen persönlichen Umgang mit der Zeit entwickelt, mit dem wir bislang mehr oder minder zufrieden leben können.

Es ist ein Wendepunkt erreicht

Mit Beginn des »Ruhestandes« sind wir an einem Wendepunkt angelangt. Häufig unvorbereitet befinden wir uns in einem Übergang. Zunächst wirken die Zeitregeln der Arbeitswelt wie ein Korsett in uns weiter. Es fehlt an Geduld und Übung, mit der schier unbegrenzten Freizeit zur eigenen Zufriedenheit umzugehen.

Lassen wir uns also Zeit mit der Zeit. Durch die tägliche Praxis tun sich uns mehr und mehr neue Möglichkeiten auf, wie die freie Zeit sinnvoll und zur eigenen Freude gestaltet werden kann.

Experimente führen zu einer neuen Zeitstruktur

Dieses Experimentieren in der jetzt beginnenden nachberuflichen Phase kann sehr spannend verlaufen. Von jetzt an gilt es, Einkaufs- und Lesezeiten, Arbeits- und Mußezeiten so den persönlichen Wünschen anzupassen, dass wir die wirklich freie Zeit genießen können und uns möglichst oft als eigener Chef unserer Zeitgestaltung erleben. Niemand darf uns dabei drängen. Wer es will, kann die Fähigkeit der Zeit- und somit Lebensgestaltung bis zu einem hohen Grad der Meisterschaft entwickeln.

Keine Zukunft vermag gutzumachen,
was du in der Gegenwart versäumst.
Albert Schweitzer

Zeitgestaltung

Viele versuchen zu Beginn ihrer berufsfreien Zeit, in ein Hochgefühl des Dauerurlaubs zu schlüpfen. Jahrzehnte hat man gewartet, die freie Zeit endlich zu genießen. Aber nach drei bis sechs Monaten gibt es nach meiner Erfahrung aus diesem Zustand eine jähes Erwachen. Eine vorher nicht gekannte Leere äußert sich als wiederkehrendes Unbehagen. Bevor sich ein fades Lebensgefühl in uns ausbreitet, verspricht Zeitgestaltung einen Lösungsweg aus dieser Situation. Unser Leben braucht eine Struktur. Wer diese Regel missachtet, begibt sich unter Umständen in die Gefahr von psychischen Störungen, die sich zur Depression ausweiten können. Das »schwarze Loch« ist keine Erfindung, sondern ein sehr ernstzunehmendes Krankheitsbild. Hat sich eine nur noch graue Lebenssicht verfestigt, sollte umgehend psychotherapeutische Hilfe in Anspruch genommen werden.

Aktivität sollte der zuverlässige und natürliche erste Weg zur Selbsthilfe sein. Entweder erfolgt jetzt die ra-

Aktivität gegen »schwarze Löcher«

sche Zuwendung zu einem lange aufgeschobenen Hobby oder es beginnt eine Suche nach etwas Neuem, was – ähnlich wie vorher der Beruf – zu einem Lebensmittelpunkt werden kann. Genau besehen geht es dabei nicht nur um Zeit, sondern auch um (neue) Themen und Inhalte. Nutzen wir unsere Erfahrungen, Stärken und Neigungen zu einer neuen Art der Zeitgestaltung, die viel Aktivität, aber keinen Leistungsstress zulässt.

Die Enkel, der Garten, der Skat- oder Kegelabend sind geeignete Felder, um eine drohende Unzufriedenheit zunächst zu vertreiben. Aber nicht alle jungen Alten fühlen sich mit diesen durchaus ehrenwerten Betätigungen hinreichend ausgefüllt. Gut und sinnvoll gestaltete Zeit erkennen wir daran, dass die Zeit nicht nur ausgefüllt, sondern auch erfüllend ist, das heißt zufrieden macht.

Menschen haben letztlich nur zweierlei Eigentum:
ihre Lebenszeit und ihren Eigensinn.
Alexander Kluge

Eigenzeit

Jeder Mensch hat eine andere, seine eigene Zeit. Bewusst verwende ich hier den Begriff »Eigenzeit«, obwohl ihn einige Autoren aus dem naturwissenschaftlich-ökologischen Bereich anders verstehen. Ich möchte anregen, die Zeit als einen subjektiven Faktor anzusehen, der unsere Lebensqualität und Lebenszufriedenheit maßgeblich mitbestimmt. Wem es gelingt, die ständig dahinfließende Zeit als seine eigene Zeit, uns ganz alleine zur Verfügung stehende Zeit zu begreifen und zu gestalten, hat schon viel erreicht. Das Leben findet dann auf einer höheren Stufe der Bewusstheit statt.

Zeit-Nutzer-Kategorien:

Wem gelingt es, sich bereits heute in eine der Zeit-Nutzer-Kategorien einzuordnen?

- ▷ Die Zeit-Meister, die Zeit ökonomisch ordnen, strukturieren und weitgehend souverän planen,
- ▷ die Musischen, die aufgrund ihres individuellen Rhythmus frei – meist künstlerisch – aktiv sind, ohne auf die Zeit zu achten,
- ▷ die Zeit-Bewusstlosen, die einfach in Ruhe leben möchten und damit zufrieden sind,
- ▷ die Überzeitlichen, die aufgrund eines philosophischen Konzeptes stets das Richtige tun, ohne Reue, ohne Unsicherheit und ohne Plan.

Das »Jetzt« als wichtiger Schlüssel

Nur die Gegenwart ist der entscheidend gestaltbare Teil der Zeit. Sie hält die Tür auf für den »nächsten Schritt« als bereichernde Aktivität, für lohnende Gespräche, aber auch gleichermaßen für tausenderlei Nichtigkeiten, die uns bei einer Tagesbilanz als hinausgeworfene Zeit vorkommen. Die kurze Tagesbilanz gibt Antworten auf Fragen wie zum Beispiel: War heute ein positiver Tag? Was habe ich heute gelernt? Welchen kleinen Erfolg habe ich heute erzielt? Was hat mir gefallen? Was war schlecht?

Bilanzen beantworten Fragen nach dem Verbleib der Zeit

Erst in der Rückschau werden die Ergebnisse unseres Wirtschaftens mit der Zeit deutlich. Wer über den Tag hinaus tatkräftig seine Eigenzeit nutzen möchte und sich selbst die Fragen nach dem Verbleib der Zeit mit gutem Gewissen beantworten möchte, dem steht folgende Methode offen, die von »Erfolgreichen« längst angewandt wird: Es gelingt, die uns manchmal unter den Händen wegfließende Zeit etwas »festzuhalten«, wenn wir Vorhaben und Ereignisse in ein Tagebuch oder einen Kalender als Stichworte eintragen. Diese kleine Arbeit verhindert zum einen, wichtige Termine zu vergessen und dient – was für die Zeitbilanz wichtig ist – gleichzeitig als »Dokumentation« aller wesentlichen Aktivitäten. Am Ende einer Woche können wir anhand der Notizen leicht überblicken, was wir in der verflossenen Zeit erreicht haben und was nicht. Wer anhand seiner Rückschau auf eine Woche unzufrieden ist, muss sich »disziplinieren«, d. h. seine Zeit besser in Ordnung bringen.

Tauchen Sehnsüchte und Wünsche auf?

Beim nachdenklichen Betrachten der eigenen Bilanz in größeren Zeiträumen (was bei mir regelmäßig in der Silvesterwoche geschieht) können sich auch Sehnsüchte und Wünsche melden, die unter der Oberfläche geschlummert haben und von denen wir noch nichts wissen. Dieses Neue kann da und dort ins Leben treten, wenn wir ihm Zeit lassen und die Bereitschaft vorhanden ist, etwas zu verändern. Altersgemäß muss diese neue Orientierung kein Prozess des drängenden Suchens, sondern eher des wachsamen Wartens und des geduldigen Umschauens sein.

Zeit- oder Lebensbilanzen dienen der Übersicht. Sie können in der Form des Nachdenkens, auch beim Spaziergang beginnen. Jedoch erhöht eine Niederschrift die Chancen, genauere Antworten auf die Frage »Wofür will ich meine Zeit wirklich ausgeben?« zu bekommen.

Aufschreiben schärft das Nachdenken

Welche Ziele sind für mich lohnend und wie kann ich mich ihnen nähern? Freilich kann es auf diese Fragen nur individuelle Antworten geben. Der damit angestoßene Gedanke, auf den Wert der »eigenen Zeit« hinzuweisen und den verantwortungsvollen Umgang zu üben, sollte für jeden Menschen wichtig sein. Achtloses Zeitausgeben bedeutet nicht nur das Verlassen einer gewissen Ordnung, es scheint einer Geringachtung des Lebens gleichzukommen.

Wie auch immer, dieses Verhalten wird nicht direkt bestraft. Wer zufrieden seine Jahre lebt, ohne über die abgelaufene oder die noch verbleibende Zeit nachzudenken, hat seine Eigenzeit eben noch nicht entdeckt. Wem es jedoch gelingt, den alten Leitsatz »Carpe diem« (Nutze den Tag) um ein »Genieße den Tag« zu erweitern, wird seine so gestaltete Zeit nicht zu bereuen haben.

Wer sich für die ständig verstreichende Zeit etwas sensibilisieren möchte, kann gelegentlich einen Tag ohne Uhr einlegen und dabei erfahren, ob sich sein Zeitgefühl dadurch verfeinert.

Wünsche zu Zielen machen

Der Mensch braucht Ziele

Wer viele Wünsche hat, sollte die wichtigsten davon in Ziele umwandeln. Ein Erfolg versprechendes Motto für einen ausgefüllten Lebensabend lautet: Der Mensch braucht Ziele. Ziele wecken im Alter genau die Lebensgeister, die den Wert und das Besondere dieser Lebensphase ausmachen können. Um ein gewünschtes Ziel vor unser geistiges Auge nehmen zu können, sind Entscheidungen über die Prioritäten notwendig. Welches Wunschziel soll als erstes in Angriff genommen werden? Das »richtige Ziel« erkennen wir daran, dass es eine anziehende Wirkung auf uns hat und keinerlei Angst vor dem Beginn auftritt. Wir dürfen mit großer Ruhe vorgehen und das Ziel von allen Seiten durchdenken. Dabei ist auch die Frage zu beachten, ob gegebenenfalls ein Risiko mit der Zielverfolgung verbunden ist. In der Ruhe tauchen oft frühere Erfolgserlebnisse oder Lösungswege aus der Erinnerung auf, die motivierend wirken. Niemand weiß genau, was alles in ihm steckt, solange er es nicht probiert hat. Gespräche mit Menschen, deren Rat (oder Hilfe?) uns wichtig sind, sollten den Klärungsprozess begleiten.

Jetzt starten oder waren?

Überlegen wir, ob jetzt der beste Zeitpunkt zum Start für das ausgewählte Projekt ist oder ob Warten irgendwelche Vorteile verspricht. Die Entscheidung für das Projekt löst eine beschwingende Arbeitsfreude aus. Der Nummer eins der Prioritätenliste wird in der nächsten Zukunft ein Großteil der Zeit, Kraft und Konzentration gewidmet. Brauchen wir zur Zielerreichung einen Plan?

Das Prinzip des Nacheinander verlangt, Vorhaben in eine Reihenfolge zu bringen, um sie nacheinander durch den Engpass der Gegenwart zu schleusen.
Wilhelm Schmid

Ziel – Plan – Schritte

Wer plant, will Zeit gewinnen bzw. sie besser nutzen. Ein Hauptproblem beim Planen scheint zu sein, die so erhaben dahinfließende Zeit in handliche Scheiben zu schneiden, um unsere Vorhaben mit dieser Zeit eng zu verbinden. Wer planend auf ein neues (oder altes) Ziel zugeht, sollte die Tatsache nutzen, dass die manchmal unbezwingbar erscheinende, mächtige Zeit bereits in praktische, überschaubare Abschnitte zerlegt ist: Stets neue Stunden, Tage, Wochen und Monate liegen unberührt vor uns!

Planen soll Spaß machen

Das Entwickeln von Plänen ist eine schöne Beschäftigung. Zunächst ohne, später mit einer Zeitschiene gestalten wir hiermit ein Stück Zukunft. Dabei sollten wir auf seelische Leichtfüßigkeit achten. Diese Zielverfolgung ist nur für uns selbst von Bedeutung, weil niemand außer uns diese eigenen Ziele kennt, sie für wichtig hält oder gar kontrolliert. Deshalb ist aber auch eine schriftliche Fixierung des Vorhabens ratsam: Als Hilfsmittel können Kalender, Timer oder Zeitplansysteme dienen, die den Start und den Fortgang des Vorhabens dokumentieren.

Eine Mischung aus Erfolgszuversicht und Vorfreude bildet den besten Stimmungshintergrund für eine gute Planung. Hier ein paar Fragen, die bei der Planung hilfreich sind. Bitte verweilen Sie kurz am Ende der jeweiligen Frage, bis Sie eine persönliche Antwort gefunden haben:

- ▷ Bin ich zur Erreichung des Ziels gut ausgerüstet?
- ▷ Liegen mir ausreichend Informationen über den Weg zum Ziel vor?
- ▷ Stimmt die Motivation und wird meine Willensstärke ausreichen?
- ▷ Habe ich Teilziele als »Meilensteine« vorgesehen, die schrittweise zum Hauptziel führen?

- ▷ Wann ist ein besonders günstiger Starttermin für mein Projekt?
- ▷ Habe ich die Aufgabe schon durch die Brille meiner »Eigenzeit« gesehen?
- ▷ Kann ich mich in das Ziel »verlieben«?
- ▷ Gibt es eine bessere Erfolgstechnik als die, auf meine Fähigkeiten zu vertrauen?
- ▷ Kann ich bei sogenannten Erfolgreichen irgendwo etwas abgucken?
- ▷ Kann meine feste Erwartung an mich positiven Druck auslösen?

Das aktive Durcharbeiten dieser Fragen sollte Ihre Leistungsbereitschaft beflügeln. Alle Planungsüberlegungen finden ihre Erfüllung in der angestrebten Tat.

Eva hält nicht viel von Zeitmanagement. Sie musste schon immer mit der Zeit jonglieren (Haushalt, Familie und Beruf) und hat gelernt, realistisch zu planen und verantwortungsvoll zu handeln. »Mir reicht es, vor Abfahrt des Zuges rechtzeitig auf dem Bahnsteig zu sein. Mehr nicht.« In ihrer lebenspraktischen und zupackenden Art sagt sie: »Die zum Planen notwendige Zeit nutze ich lieber für die Sache selbst.« Diese Einstellung hält Eva für sich am besten. Sie lebt ganz im Jetzt. Sie liebt kurzfristige Entscheidungen und Spontanität, hat aber ausreichend Toleranz entwickelt, wenn sie mit Menschen zusammen ist, die »langsamer leben«.

Aufschub einer guten That
Hat schon oft gereut!
Hurtig leben ist mein Rath,
Flüchtig ist die Zeit!
Johann Wilhelm Ludwig Gleim

Gegen die Aufschieberitis

Der Wille zum Misserfolg ist weit verbreitet

Wenngleich die Erledigung eines Projekts große Freude verspricht, hindern uns manchmal undefinierbare Blockaden an dem rechtzeitigen Beginn. Solche psychologischen Schwellen sind nicht altersspezifisch. Der »Wille zum Misserfolg« ist ein weitverbreitetes Phänomen. Es scheinen verdeckte Motive zu sein, die uns zu immer neuen Ausflüchten anstiften, um das eigentliche Tun zu hemmen oder gar zu vermeiden. So verwandelt sich das an sich erfreuliche Vorhaben langsam zu einem ärgerlichen Druck. Mangelnde Energie und Selbstzweifel vereinigen sich zu einem Teufelskreis, der krankhafte Züge annehmen kann.

Psychologen raten zum Selbsttraining. Übungen, die darauf zielen, die hemmende innere Einstellung durch positive Gedanken aufzulockern, bedürfen großer Disziplin. Hier einige Anregungen dazu:

- Nur jetzt kann man etwas ändern.
- Durch die Salami-Taktik lässt sich jede Aufgabe in kleine Schritte einteilen. Jeder erfolgreiche Schritt beweist unsere Stärke und bringt uns dem Hauptziel näher.
- Man kann die Aufgabe wie eine sportliche Herausforderung annehmen und sich spielerisch beweisen, wie diszipliniert man sein kann.
- Erfolg versprechend ist auch die Methode, den Gedanken »ich muss« durch »ich will« zu ersetzen.
- Gespräche mit Menschen unseres Vertrauens können bei der Bekämpfung der Aufschieberitis sehr nützlich sein.
- Eine schriftliche Auseinandersetzung mit dem Phänomen gelingt durch die Beantwortung der Fragen »Was will ich erreichen?« und »Was muss ich ändern?«. Aufschlussreich ist es, sich anschließend die

Vor- und Nachteile der Veränderungen offen und ehrlich auf dem gleichen Blatt zu notieren.

Vielleicht hilft auch der Gedanke, dass die Erfüllung eines lange gehegten Wunsches, den wir aus Gründen anderer Belastungen nicht früher in Angriff nehmen konnten, jetzt seinen optimalen Zeitpunkt zur Verwirklichung erreicht hat. Außerdem können kleine in Aussicht stehende Belohnungen unsere Motivation entscheidend fördern.

Aus zwei Gründen gebietet das Alter
mit der Zeit planend umzugehen:
Sie wird immer knapper
und man braucht für alles etwas länger.
Olaf Spring

Das neue Maß

Balance ist wichtig, nicht das Tempo

Die Zeit fließt immer gleichmäßig, unsere Energie nicht. Wir brauchen einen dieser Lebensphase entsprechenden Rhythmus, der nicht mehr Aktion an Aktion reiht. Ruhepausen beugen Überforderung vor. Sich den selbst gesteckten Zielen im Rahmen der Eigenzeit schrittweise zu nähern, gibt dem Leben eine gesunde Spannung. Es gilt aber auch, für die nachberufliche Zeit ein persönliches neues Maß zu finden zwischen der Anstrengung und einem genüsslichen Anteil Muße und Entspannung. Diesen neuen harmonischen Rhythmus zu finden, ist keine leichte Aufgabe. Folgende Aspekte sind aus meiner Sicht wichtig, um die Balance zwischen Leistung und Ruhe zu entwickeln:

▷ *Zeit-Bonus:*
Zum einen dürfen wir beim Veranschlagen der Zeit für die Erledigung einer Aufgabe recht großzügig sein und uns vorab einen Zeitzuschlag gewähren. Kein Stress. Es ist die Akzeptanz eines Naturgesetzes, wenn wir uns eingestehen, dass wir beim Älterwerden auch langsamer geworden sind. Bei der eigenständigen Arbeit ha-

ben wir die Freiheit, eine individuelle Pausenkultur zu entwickeln.

▷ *Achtsamkeit:*
Schauen Sie in sich hinein! Es ist altersgerecht und klug, seinen Belastungs- und Verträglichkeitsgrenzen mehr Achtsamkeit zu schenken. Es entspricht auch der Verantwortung für unser langfristiges Wohlergehen, erfühlte neue Schranken zu beachten und so für das neue Maß an Belastung sensibel zu werden. Zu besonderen Anstrengungen gehört ein spürbarer Ausgleich: Das zeitweise bewusste Faulenzen ist es wert, ausprobiert zu werden.

▷ *Leichtigkeit:*
In der Lebensphase der vielfältigen Pflichterfüllung war meistens nur wenig oder kein Platz für das Spielerische. Jetzt darf eine gewisse Lockerheit in unser Streben einfließen. Es wird uns gut tun, wenn wir einmal intensiv darüber nachdenken, was wir alles nicht mehr müssen oder brauchen. Die vorhandenen Prägungen von Pflicht und Tugend engen uns immer wieder ein. Angestrebte Änderungen gelingen leichter, wenn wir eine Person in unserem Umfeld finden können, die uns im Hinblick auf Leichtigkeit heimlich als Vorbild dienen kann.

Zeit für das Refugium Partnerschaft

Die Chance, miteinander zu reifen

Einer der wichtigsten Faktoren, die vor uns liegende Zeit harmonisch zu erleben, ist die Qualität unserer Partnerschaft. Vor allem die sehr engagiert berufstätig Gewesenen haben nach Abschluss der Berufslaufbahn oft einen Nachholbedarf an Privatem. Die späte Einsicht, dass Ehepartner, Kinder und alles Familiäre über Jahrzehnte hinweg zu kurz gekommen sind, verlangt nach einer Umstellung. Jetzt ist die Zeit, diesem allernächsten Umfeld zu zeigen, dass man mehr für den Anderen da sein möchte.

Sich nach 30 oder mehr Jahren mit starker Außenorientierung wieder zu einer lebendigen Säule in der

Beziehung zu entwickeln, fällt nicht jedem leicht. Gerade wenn die Kinder aus dem Haus sind, muss das Zusammenleben der Partner neu erkundet werden, um für beide Seiten als Refugium erlebt werden zu können. Durfte der beruflich stärker eingespannte Teil in einer Partnerschaft früher mit viel Entgegenkommen rechnen (wir Männer haben dies gern als selbstverständlich angenommen), so gilt es jetzt, eine neue Kompromissbereitschaft zu entwickeln und eigene Interessen auch mal aufzuschieben. Die Neuregelung der Zuständigkeiten im Haushalt ist dafür ein guter Prüfstein.

Das frühere Verliebtsein ist längst einer reiferen Form der partnerschaftlichen Liebe gewichen, die es mit Aufmerksamkeit, Zuwendung und gelegentlich mit etwas Selbstlosigkeit auch zu zeigen gilt. Frauen und Männer haben in diesem Bereich sehr unterschiedliche Erwartungen und Wahrnehmungen. Insofern erhalten Gespräche über die Beziehung zueinander einen neuen Stellenwert. Liebe- und verständnisvoll sollten die Wünsche an das gemeinsame Leben (große Vorhaben wie auch die Tagesabläufe) miteinander besprochen werden. Auch getrennt durchgeführte, individuelle Aktivitäten sollen die Zustimmung oder das Verständnis des Partners finden. Die Ergebnisse solcher Absprachen müssen nicht in den Notizkalender aufgenommen werden, sondern sollten als wertvolle Regeln für den Rest des Lebens wirken.

Ein gemeinsames Hobby suchen

Besonders spannend kann das Umsehen nach einer neuen gemeinsamen Betätigung als Hobby oder in einem Ehrenamt verlaufen. Mit der Hinwendung zu einer gemeinsamen Tätigkeit bekommt die nachberufliche Zeit einen neuen Charakter, was einer alten Beziehung gut ansteht. Neues Erleben, neue Freunde und Bekannte bedeuten einen hohen Zugewinn an Lebensfreude. Und dafür ist jetzt Zeit.

Max hat bislang sein Talent zum Hausmann »gut unter der Decke gehalten«.
Auch aus Dankbarkeit gegenüber Eva, dass sie seit eh und je wortlos den gesamten Haushalt meistert, beginnt er jetzt, für den Bereich Entsorgung im Haushalt die Verantwortung zu übernehmen. Er »füttert« die Spülmaschine und schafft alle Abfälle, hübsch nach Müllsorten getrennt, aus dem Haus. Eva begrüßt, ebenfalls wortlos, diese kleinen Hilfen. Aber sie sieht auch, wie umständlich Max sich dabei anstellt. Sie schmunzelt und lässt ihn gewähren.
Max, aufgeschlossen für weitere Aufgaben im Haushalt, sieht dies als einen bescheidenen Anfang. Er liebäugelt als Nächstes mit dem Bereich Einkaufen.

Zeithorizonte

Die Europäer haben die Uhr,
wir haben die Zeit.
Afrikanisches Sprichwort

Der Papalagi

Seit Beginn der Industrialisierung legt unser Kulturkreis großen Wert auf effizienten, strukturierten Zeitverbrauch und belohnt dieses Verhalten mit Geld, Anerkennung und Aufstieg. Durch die Anpassung an die davon abgeleitete Norm »Zeit ist Geld« bringen wir den »Zeit-Bewusstlosen« wenig Verständnis entgegen. Vielleicht sollten wir uns kurz mit einer Alternative unseres Zeitnutzen-Denkens beschäftigen, bevor wir mit den Planungsüberlegungen von altersgemäßen Zielen fortfahren.

Andere Kulturen, andere Vorstellungen von Zeit

Der Südseehäuptling Tuiavii aus Tiavea kann unsere Vorstellung von Zeit um einen kräftigen, gesunden Kontrast bereichern. Erich Scheurmann lässt in den fiktiven Reden den Papalagi, den Weißen, den Fremden in einer naiven, aber sehr kritischen Weise beschreiben. Tuiavii wendet sich nach der Rückkehr von einer Europareise mit elf markanten Reden an seine samoanischen Brüder.

In einer dieser Reden setzt er sich mit dem bei uns üblichen Umgang mit der Zeit auseinander, den er für eine schlimme Krankheit mit unnötigen Problemen und Plagen hält. Tuiavii möchte von der Zeitknappheit heilen. Er ruft zum Kampf gegen die kleinen runden Zeitmaschinen auf, die die Weißen am Arm tragen, und die großen, die an den Wänden in den Zimmern und an den hohen Türmen hängen, »weil doch vom Sonnenaufgang bis zum Sonnenuntergang mehr Zeit da ist, als ein Mensch gebrauchen kann«.

Mehr Langsamkeit?

Ist der Sinn des Fortschritts noch erkennbar?

In Deutschland hat ein »dynamisches« Unternehmen ein Beton-Grabkammer-System entwickelt. Es beschleunigt den Verwesungsprozess jeden Leichnams. Mit diesem System, so der Anbieter, lässt sich die derzeitige Ruhezeit auf dem Friedhof von 15 bis 20 Jahren auf 10 Jahre verkürzen. In seinem Buch »Die Kreativität der Langsamkeit« verwendet Fritz Reheis dieses Beispiel und stellt die Frage: »Muss denn alles noch schneller gehen?«

Laut Umfragen geht vier von fünf Deutschen alles viel zu rasch, die Veränderungen eingeschlossen. Kaum ein Sektor bleibt von der Beschleunigungswelle verschont. Die Sachzwänge, die mit dem obigen makabren Beispiel überzeichnet werden, führt Reheis letztendlich auf das unsinnige Verknappen der Zeit zurück. Temposteigerung wurde lange Zeit nicht hinterfragt.

Das Tempo unserer Zeit sendet Signale, die wir als moderne Menschen zu ignorieren gelernt haben: Immer mehr erkranken an Stressfolgen, flüchten in die Sucht oder entwickeln Allergien. Allerlei psychische Deformationen nehmen wir hin und zerstören sehenden Auges die Gesundheit des Einzelnen und die ganzer Ökosysteme. Die bis zur Vergiftung führende Zunahme des Verkehrs und der lebensbedrohende Treibhauseffekt sind Eingriffe in die Natur, die wir ohne Gegenwehr, ja gedankenlos zulassen. Wir folgen dem rasanten Fortschritt, der unaufhaltsam scheint, obwohl wir den Sinn oft nicht erkennen können.

Natürliche Rhythmen beachten

Zaghafte Versuche der Entschleunigung werden erst in jüngster Zeit bekannt. Wir ältere, aus dem Erwerbsleben ausgeschiedene Menschen haben jetzt die Chance, wieder auf natürliche Zeitregeln zu achten und andere darauf hinzuweisen. Indem wir uns am Rhythmus der Natur, zum Beispiel dem Wechsel von Tag und Nacht oder am Wachstum einer Pflanze, orientieren, kann unser Leben auch wieder in ruhigere Fahrwasser gelangen. Vielleicht sollte eine Zukunftsaufgabe daraus werden, zunächst durch das eigene Verhalten und später in wirksamen Kampagnen dem natürlichen Leben wieder zu mehr Geltung durch angemessene Langsamkeit zu verhelfen.

Beginnen wir doch einfach mit dem bewusst langsamen und stilvollen Essen, was sowohl gesundheitliche als auch ästhetische Aspekte positiv berührt. In der Familie und in Zweier-Beziehungen werden wir die Vorteile einer diesbezüglichen Umstellung verspüren und uns auch selbst wohler fühlen. Machen wir das gemeinsame stilvollere Essen zu einem geselligen, zeitlosen Ereignis.

Das Ziel der Slow-Food-Bewegung

Von Italien ausgehend gibt es auch in Deutschland die Slow-Food-Bewegung, ein Zusammenschluss von Gastronomie-Betrieben, bewussten Genießern und mündigen Verbrauchern, die es sich zur Aufgabe gemacht haben, die Kultur des Essens und Trinkens zu pflegen. Diese Organisation verfolgt das Ziel, Genuss beim Essen zu fördern, traditionelle Zubereitungsmethoden und regionale Produkte vor dem Vergessen zu bewahren. Sie möchten das Wissen über die Qualität von Lebensmitteln fördern und mit ihrer Öffentlichkeitsarbeit auf den Kulturzerfall durch die starke Verbreitung des »Fast Food« hinweisen.

Ich lerne es täglich,
lerne es unter Schmerzen,
denen ich dankbar bin:
Geduld ist alles!
Rainer Maria Rilke

Mehr Geduld?

Auf dem Feld der Geduld wachsen Tugenden

Schnelligkeit und Effizienz sind die Götzen der modernen Welt; Hektik und Stress sind ihre ungezogenen Kinder. Kann die Generation der jungen Alten durch das Hervorbringen von mehr Geduld zur Entschleunigung der Gesellschaft beitragen? Einige Voraussetzungen scheinen erfüllt.

Im Bewusstsein der langen, von uns zurückgelegten Lebensstrecke mit tausend bewältigten Gefahren und gut getroffenen Entscheidungen sollten wir zu einer neuen Art tiefer Ruhe fähig sein. Heute besteht für uns von außen kein Leistungsdruck mehr. Vernünftige, rechtzeitige Planung vermeidet Stress. Auch die temperamentsbedingten Ausbrüche sollten im Alter abnehmen. Man braucht »Geduld mit der Geduld«, wie Wolfdietrich Schnurre schrieb. Auf dem Feld der Geduld wachsen weitere Tugenden wie Nachsicht, Toleranz, Güte und Friedfertigkeit. Geduld ist die Kunst, zu hoffen. Sie bringt uns in die Nähe von Gelassenheit und Ruhe.

Geduld ist nicht Gleichgültigkeit

Um Gelassenheit und Ruhe zu lernen, benötigen wir keinen äußeren Leitfaden, sondern innere Leitbilder. Machen wir uns die Vorteile unserer jetzigen Lebenssituation bewusst, bevor wir das Lernziel Geduld als eine Utopie wegschieben: Wir schonen unsere Nerven, den Magen und das Herz. Geduld ist nicht Gleichgültigkeit. Unsere Potenziale bis hin zur Kreativität benötigen Ruhe, um sich zu entfalten. Mit Beharrlichkeit und Ausdauer werden lange komplexe Wege besser gemeistert. Geben wir uns selbst die Chance, von anderen als geduldig eingeschätzt zu werden.

Zum praktischen Üben eignet sich der Abschnitt »Richtiges Atmen – Gesundheit gewinnen«, Seite 71.

Wunsch und Vermögen, ohne gemeine Hast zu sein,
das Wichtige zu sehen,
das Unwichtige zu vergessen:
dergleichen ist eigentliches Leben im Alter.
Ernst Bloch

Natürliche und schöpferische Pausen

Unsere Kräfte sind stets begrenzt

Die Belastbarkeit aller gesunden Menschen ist hoch, aber immer zeitlich begrenzt. Je älter wir sind, umso wichtiger ist es, auf ganz persönliche Pausenregelungen zu achten. Was gemeinhin als Ruhebedürfnis bezeichnet und empfunden wird, hängt mit unbewusst ablaufenden Körperfunktionen und biologischen Rhythmen zusammen, die Jürgen Zullay und Barbara Knab in ihrem Buch »Unsere innere Uhr« anschaulich beschrieben haben. Für Ältere ist außer einer gewissen Regelmäßigkeit des Zu-Bett-Gehens der immer beliebter werdende Mittagsschlaf ein Thema.

Das Recht auf Mittagsschlaf

Die Segnungen des Tages-Kurzschlafs wirken am besten, wenn das Nickerchen auf 10 bis 30 Minuten begrenzt bleibt. Längere Ruhepausen können die Leistungsfähigkeit negativ beeinflussen. Die beste Zeit dafür ist der frühe Nachmittag bzw. nach dem Mittagessen, weil wir uns biologisch ohnehin in einem Tief befinden (»Suppen-Koma«). International ist die Siesta-Kultur weit verbreitet. Von den vielen äquatornahen Ländern mit hoher Mittagsschlaf-Quote geht China am weitesten. Dort ist das Recht auf Mittagsschlaf als Grundrecht verankert.

Um körperliches mit seelischem Atemholen zu verbinden, empfiehlt sich auch ein einige Minuten langer Rundblick vom Balkon oder ein kurzer Spaziergang bis ans Eck bzw. ums Viertel. Gelungene Pausen wirken so erfrischend wie kleine Ausflüge aus dem realen Leben.

In Gesellschaft faszinierender Menschen, bei künstlerischen Darbietungen oder angesichts von Naturschönheiten kann sich unser Zeitgefühl stark verändern. Stunden verfliegen wie Minuten, wenn wir etwas Einmaliges erleben. Das Gefühl des wohltuenden Abstands, den wir früher im Urlaub so geschätzt haben, kann jetzt enger in unser Leben eingebaut zu werden.

Persönliche Pausenformen entwickeln

Ganz nach unseren persönlichen Vorlieben, Veranlagungen und Neigungen gibt es eine breite Palette von Möglichkeiten, sich kurz aus dem Alltag auszuklinken. Allein in dem von Rudolf Seitz aufgelegten Buch »Schöpferische Pausen« sind über siebzig unterschiedliche Erlebnisformen beschrieben. Besinnen, Spüren, Machen, Finden, Betrachten und Genießen sind die von Seitz ausgesuchten und lebenspraktisch nutzbaren Kapitel, die uns einladen, unser Pausenbedürfnis mit individuellen Pausenerlebnissen zu verknüpfen. Dadurch entstehen Spielräume für neue Ideen oder Problemlösungen. Wenn wir lernen, im richtigen Moment eine Pause einzulegen, entsteht ein neuartiges Gefühl für eigene Zeithorizonte.

Gerade hat Max den sehr komplizierten Brief an das Finanzamt fertig geschrieben. Jetzt legt er sich mit dem Rücken auf den Fußboden und lässt die Unterschenkel auf der Sitzfläche eines Stuhles ruhen. Die Hände berühren sich auf der Brust und liegen locker auf. Ruhige Atemzüge beeinflussen die Ruhe seiner Gedanken. Er spürt Wärme, die das Blut durch die Adern in alle Teile des Körpers bringt. Der antransportierte Sauerstoff erneuert die Energie.
Er fühlt sich leicht und frisch, alles Schwere kann er vertreiben.
Max holt sich das Erfolgserlebnis des fertigen Briefes in die Mitte seines Bewusstseins und lässt es dort »wachsen«. Für ihn ist die Zeit aufgehoben. Real verstreichen nur fünf bis zehn Minuten.
Erquickt durch diese Entspannung, gestärkt von den zufriedenen Gedanken erhebt sich Max. Lebendig und energiegeladen spürt er, dass ihm eine »schöpferische« Pause gut gelungen ist.

... und bin der Meinung, dass alles besser gehen würde,
wenn man mehr ginge.
Johann Gottfried Seume

Die Spazierkultur pflegen

Der Spaziergang ist eines der gesündesten und zugleich billigsten Vergnügen, das wir uns so oft wie möglich erlauben sollten. Leichte Bewegung in der Natur ist eine Quelle der Harmonie. Die gesundheitlichen Aspekte des zügigen Spazierengehens erfahren zurzeit eine sportmedizinische neue Aufwertung durch das Walking und Nordic Walking (siehe Seite 81). Hier soll aber an das Spielerische, das Zweckfreie am Spaziergang erinnert werden.

Kann der Spaziergang an sich das Ziel sein?

Beim richtigen Spaziergang darf Zeit keine Rolle spielen. Ein Spaziergang verträgt keine Eile, nicht einmal unbedingt ein Ziel. Das Gehen an sich soll das eigentliche Ziel sein. Das Auge darf neugierig umherschweifen und an den beruhigenden Reizpunkten verweilen. Einen Singvogel oder eine Schnecke auf ihrem lautlosen Heimweg können wir nur beobachten, wenn wir uns die Zeit dafür nehmen. Oder: was blüht denn da?

Beim meditativen Gehen stellen Bäume, offene Felder, malerische Ausblicke oder einzelne ausdrucksstarke Gebäude eine bekömmliche Kulisse dar. Es gibt »Augenwege«, die sogar das Gespräch verbieten. Der freie Fluss der Gedanken, das Gefühl unbeschränkter Muße sind die beste Voraussetzung für Erholung und Entspannung. Gehgeschwindigkeit oder besser Gemächlichkeit, Rhythmus und Atem sollen sich ganz zwanglos aufeinander einstellen.

Die Uhr bleibt stehen, die Zeit nicht.
Karlheinz A. Geißler

Meister unserer Zeit sein

Den Zeitwohlstand genießen lernen

Was wir aus der Zeit machen, bestimmt die Qualität unseres Lebens. Wir Ältere sind in einer Lebensphase angekommen, in der wir uns alle Zeit der Welt nehmen können, wenn wir gewisse Vorüberlegungen anstellen. In unserem Alter gewinnt die Zeit an Wert, weil wir wissen, dass sie irgendwann knapp wird. Oft fehlt es uns noch an Geduld und Ruhe, um über den genussreichen Zustand des Zeitwohlstandes nachzudenken.

Aufgaben in Muss-, Soll- und Kann-Zeiten einteilen

Es enthält einen Aspekt von Lebensmeisterung, wenn wir einen persönlichen und harmonischen Zeitrhythmus entwickeln, der uns unsere Aufgaben in Muss-, Soll- und Kann-Zeiten souverän geordnet erleben lässt. »Es muss in diesem Leben doch mehr als Eile geben«, schreibt Karlheinz A. Geißler in seinem ebenso betitelten Buch, in dem er verschiedene Versuche unternimmt, die Zeit zu »begreifen«; ein Buch vom Hasten und Rasten, Arbeiten und Lernen, Sterben und Leben. Sein Fazit: Wer zu schnell ist, den bestraft das Leben.

Kein Zeichen des meisterlichen Umgangs mit der Zeit ist die Verwendung der häufig gebrauchten Redensart »Seit ich in Rente bin, habe ich überhaupt keine freie Zeit mehr«. Insbesondere ältere Männer bemerken offenbar nicht, dass sie sich mit dieser Äußerung lächerlich machen können. Trotz der erkennbaren Ironie wirft die durchschimmernde Wichtigtuerei kein gutes Licht auf den Sprecher. Er verrät außerdem seine Unfähigkeit zu planen. Die oberflächliche Äußerung steht im Raum und kann den Eindruck der schalen Ausrede (für und gegen alles) nicht verscheuchen.

Vorsicht Wichtigtuerei!

Nimm Dir Zeit zum Arbeiten –
Es ist der Preis des Erfolges.

Nimm Dir Zeit zum Denken –
Es ist die Quelle der Kraft.

Nimm Dir Zeit zum Spielen –
Es ist das Geheimnis ewiger Jugend.

Nimm Dir Zeit zum Lesen –
Es ist der Brunnen der Weisheit.

Nimm Dir Zeit, freundlich zu sein –
Es ist der Weg zum Glück.

Nimm Dir Zeit zum Träumen –
Es bringt Dich den Sternen näher.

Nimm Dir Zeit zu lieben und geliebt zu werden –
Es ist das Privileg der Götter.

Nimm Dir Zeit, Dich umzuschauen –
Der Tag ist zu kurz, um selbstsüchtig zu sein.

Nimm Dir Zeit zum Lachen –
Es ist die Musik der Seele.

Irischer Segenswunsch

Wir altern nicht chronologisch,
sondern biologisch!
Irwin Rosenberg

Gesundheit und Bewegung

Gegen Evas Willen holt Max das alte Fußbänkchen vom Speicher. Ihr »Du lieber Himmel, was soll denn das im Wohnzimmer?« kommt prompt.
Das schmucklose Bänkchen aus hellem Holz, naturfarben lackiert, passe wirklich nicht zu der Wohnzimmereinrichtung. Aber Max will nicht mehr die gesamte abendliche Fernsehzeit im bequemen Sessel verbringen und verteidigt seine Tat mit der Feststellung: »Ich will dem Rücken etwas Gutes tun.«
Max hat sich vorgenommen, seine Rückenmuskulatur zeitweise zu strecken und durch wechselnde Sitzhaltungen der Hüfte und den Beinen eine »Stretch-Alternative« anzubieten. Max ist davon überzeugt, dass die einseitige statische Haltearbeit der Muskulatur eine gesunde Gegenbelastung braucht. Eine zunehmende, bereits spürbare Versteifung will er nicht tatenlos hinnehmen.
Nach etwa dreimal 10 Minuten »Banksitzen« pro Abend (die Werbepause im Fernsehen gibt das Signal) genießt es Max, sich entspannt im Sessel zu räkeln.

Gesundheitsmodelle – Der Arzt in uns

Bewegung dient nicht nur der gesundheitlichen Vorsorge – sie kann heilen!
Sir Richard Asher

Gesundheit neu denken

Pflegen wir den »höchsten Schatz« Gesundheit ausreichend?

Gesundheit ist in jedem Alter der Schlüssel zu einem glücklichen Leben. Da wir in einem Land leben, in dem das Gesundheitswesen einen hohen Standard aufweist, fällt unsere Eigenverantwortung weit hinter den Stand zurück, zu dem wir aufgrund unseres Wissens in der Lage wären. Wir tun in der Regel zu wenig, um unseren »höchsten Schatz« Gesundheit optimal zu pflegen und lassen uns zu oft von eingefahrenen Mustern leiten, die uns in der Passivität belassen.

Aus diesem Grund beginnt das Kapitel »Gesundheit« mit anregenden, bekannten und weniger bekannten Gesundheitsmodellen anstatt der üblichen Aufzählung der Risikofaktoren. Gesundheit ist mehr als die Abwesenheit von Krankheit; sie umschließt das körperliche, seelische und soziale Wohlbefinden, so die Definition der Weltgesundheitsorganisation der Vereinten Nationen (WHO).

Eine gesundheitsorientierte Einstellung erwerben

Zur Förderung der eigenen Gesundheit ist eine gesundheitsorientierte Lebenseinstellung notwendig. Deshalb werden die Salutogenese und einige andere Gesundheitsmodelle hier vorgestellt. Diese Modelle verlangen die geistige Mitarbeit am Gesundsein und Gesundbleiben. Sie geben Anstöße zur weiteren Beschäftigung mit Themen zur Gesundheit, ohne an Krankheit zu denken. Niemand darf erwarten, dass das einmalige Lesen der in gebotener Knappheit vorgestellten Präventions- und Therapieansätze auf Anhieb schon etwas bewirkt. Sicher ist jedoch, dass die Auseinandersetzung mit diesen Themen, sei es in Fach- oder Arztgesprächen, sei es durch Seminarbesuche, Literatur oder Internetauskünfte zu einer Bereicherung führt, die gesundheitsfördernd wirkt. Wer sich für einen selbst zu bestimmenden Zeitraum das Thema »Gesundheit« als Hobby vornimmt, erfährt dadurch eine gewisse Stärkung und fühlt sich den Krankheiten weniger ausgeliefert.

Durch den wissenden Umgang mit körperlichen und psychischen Störungen unterstützen wir nicht nur die ärztlichen Bemühungen, sondern übernehmen einen Teil der Verantwortung für unser Wohlergehen. Jede Störung unserer Gesundheit ist eine Erfahrung, der wir lernend und experimentierend begegnen können. Diese Gedanken sind neu. Der Prozess der aktiven Gesundheitsbildung fördert unsere Persönlichkeitsentwicklung, die ja nie abgeschlossen ist. Wir erlangen mit diesem Wissen auch im Alltag als Gesprächspartner eine neue Qualität.

Mehr Verantwortung für das Wohlergehen übernehmen

Der Patient selbst ist der wahre Arzt, wir Ärzte sind nur seine Gehilfen.
nach Paracelsus

Der lernende ältere Patient

In vielen Veröffentlichungen über die Hintergründe von Gesundheit und Krankheit gehen die Autoren davon aus, dass Heilung im Wesentlichen Selbstheilung ist. Ältere Menschen mit dieser Ansicht zu konfrontieren, scheint besonders sinnvoll angesichts der Feststellung von Karl Jaspers: »Entgegen dem biologischen Verlauf wächst die Seele.« Was könnte Jaspers damit gemeint haben?

Das Sinken der Leistungskurve beginnt in einigen Bereichen (Kraft, Schnelligkeit, Geschicklichkeit) bereits ab einem Alter von 30 Jahren. Außer den bekannten, allgemeinen Abbauprozessen begleitet eine Reihe von individuellen Faktoren und subjektiven Empfindungen wie Optimismus und Fitness im Positiven sowie Schicksalsschläge und durchlittene Krankheiten im Negativen das Älterwerden. Dabei hören die Lern- und Entwicklungsmöglichkeiten nicht auf. Oft akzeptieren wir zu früh angenommene Grenzen und bewegen uns wie in einem imaginären Käfig, dessen Gitterstäbe aber nicht bestehen bleiben müssen.

Über die menschliche Energie oder Lebenskraft gerade im Hinblick auf »unser höchstes Gut«, die Gesundheit, ist noch wenig bekannt. Ungläubig begegnen wir den Berichten von »Wunderheilungen«. Nehmen wir den Satz von Jaspers als persönliche Aufforderung an und lauschen auf die Wünsche dieser »wachsenden Seele«. Gestatten wir uns gelegentlich eine Auszeit aus dem Oberflächlichen und konfrontieren uns mit den Methoden neuer (oder eigentlich sehr alter) Heilswege, die nur zögerlich von unserem Gesundheitssystem anerkannt werden. Eine starke Lobby der Pharmazieunternehmen und die Berufsverbände der Ärzte verteidigen vehement die führende Rolle der klassischen Medizin. Wir sind gleichzeitig (dankbare) Nutzer und Abhängige dieses Systems. Aber wir dürfen uns als mündige Bürger über die Alternativen informieren. Diese Neuorientierung gibt uns die Möglichkeit, sich mit Krankheiten und mit natürlichen Therapiewegen (zum Beispiel Yoga, Akupunktur, Bewegung, Atemtherapie) lernend und beobachtend auseinanderzusetzen. Auf diesem Weg steigt unsere Kompetenz in Gesundheitsfragen und zugleich unser Wohlergehen, wenn wir mit diesen neuen Methoden angenehme Erfahrungen machen. Der lernende Patient trägt außerdem erheblich zur Kostenersparnis im Gesundheitswesen bei.

Neue und traditionelle Heilswege verdienen Aufmerksamkeit

Hilfe bei psychischen Störungen

Psychischen Störungen und seelische Krankheiten scheinen sich zu Epidemien unseres Jahrhunderts auszudehnen. Die Statistiken weisen aus, dass bereits jeder siebte Patient an Symptomen dieser Art leidet. Viele der Älteren haben gelernt, erste Eintrübungen der Gemütsverfassung mit eigenen Methoden, wie Bewegung, helfenden Gesprächen mit Freunden oder mit Musik energisch entgegenzutreten, um wieder davon freizukommen. Betroffene sollten sich aber auch nicht scheuen, therapeutische Hilfe in Anspruch zu nehmen, bevor sich psychische Störungen manifestieren.

Über den Segen der eigenen Aktivität zum Gesundsein und -werden sowie über die »Klugheit« unseres

Die Klugheit unseres inneren Arztes

inneren Arztes hat Prentice Mulford (1834 – 1891!) erhellende Erkenntnisse gesammelt. In seinem Büchlein voll sprühender Gedanken »Vom Unfug des Lebens und des Sterbens« äußert er sich zum Thema »Der innere Arzt« mit folgendem Beispiel: »Wer sich als Patient zwischen aufgestapelten Kissen ans Bett gefesselt sieht, bleibt länger krank. Wer sich Tennis spielend oder beim Waldlauf sieht, arbeitet damit an seiner Genesung.«

Als er noch berufstätig war, prüfte Max beim morgendlichen Auftreten trüber Befindlichkeit, ob er Fieber hatte oder nicht. Körpertemperatur, aber auch das Wetter, der zu erwartende Stress bei der Arbeit waren Kriterien für die Entscheidung, ob er sich »gesund« oder »krank« fühlte.
Jetzt ist Max in Rente. Die grauen, bleiernen Tage nehmen zu, dies führt er auf die männliche Form der Wechseljahre zurück, die sich mit Kopfschmerz, Antriebslosigkeit und Mattheit meldet. Ob er »gesund« oder »krank« ist, muss er jetzt nur noch mit sich selbst klären.
Dabei fällt ihm auf, dass die kleinen Schwächen schnell an den Tagen besiegt sind, an denen ein Theaterbesuch in der Stadt oder andere schöne Ereignisse anstehen.

Gesundheitsgespräche

Besser über die Gesundheit statt über Krankheiten reden

Viele ältere Menschen sprechen gern über ihre Krankheiten. Das ist legitim und hat eine entlastende Funktion, zumindest für den Erzählenden. Die Vielfalt und Vielzahl an Gesprächen und Geschichten über Krankheiten sollten Anlass geben, einmal über Gesundheitsgespräche nachzudenken. Nicht die krankheitsgetrübten und einschränkenden Gedankenbilder, sondern die ermutigenden Vorstellungen der Genesung und der Genesungserwartung stehen im Mittelpunkt von Gesundheitsgesprächen. Es gilt Genesungswege und gesundheitsförderliche Veränderungen auszutauschen, die der Heilung dienen können. Erfahrungen, die erst aufgrund der Krankheit gemacht werden konnten, sollen Gegenstand der Gespräche sein. Es wäre eine intelligente Konsequenz, künftig eher die Gesundheit erhaltenden oder gesundmachenden Bedingungen durch Gespräche im eigenen Leben und beim jeweiligen Gegenüber zu verstärken. Schließlich bleibt Gesundheit das faszinierendere Thema gegenüber der Krankheit in jedem Alter.

Mein Plädoyer geht dahin, stärkende Gedanken zu sammeln, die der Abwehr bzw. der schnelleren Überwindung einer Krankheit dienen können. Dazu gehört, sich eine gesunde Zukunft vorzustellen und dies durch entsprechende Körperhaltung, optimistische Sprache sowie eine Lebendigkeit der ganzen Person möglichst glaubhaft zu verkörpern.

Aller höhere Humor fängt damit an,
die eigene Person nicht zu ernst zu nehmen.
Hermann Hesse

Humor ist Medizin

Die Lachtherapie ist im Kommen

Am besten wirkt die Medizin, die man als solche gar nicht bemerkt: Herzhaftes Lachen, stiller Humor und die Freude am Komischen geben stets einen positiven Impuls zur Verbesserung der seelischen und körperlichen Gesundheit. Wir spüren es am eigenen Leibe, wenn das »gesunde« Lachen unsere Muskeln erfasst, das Atmen vertieft und somit Sauerstoffversorgung und Blutkreislauf anregt. Die Lachtherapie ist (im Ernst!) ein neuer Zweig des alternativen Gesundheitswesens geworden.

Alle, die in der deutschen Sprache zu Hause sind, finden in der Apotheke des Humors volle Regale vor. Kaum ein anderes Land auf der Welt verfügt über so viele Dichter, die den Humor auf den unterschiedlichsten Geschmacksebenen anbieten. Denken wir an die Klassiker des deutschen Humors: Wilhelm Busch, Erich Kästner, Wilhelm Roth, Ringelnatz oder Loriot. Neuere Autoren, wie Robert Gernhardt mit seinen kurzen, frischen komischen Gedichten, treten hinzu und helfen uns dabei, es mit mancher Unpässlichkeit aufzunehmen, wenn wir rechtzeitig in den »literarischen Medizinschrank« hineingreifen. Wer sich dort auskennt, hat bei dem Spagat zwischen Ernsthaftigkeit und ungenierter Komik keine Probleme mehr. Dabei können wir Ältere besonders gute Beobachter für das Komische in der Welt werden und daraus unseren Nutzen ziehen.

Humor aus dem »literarischen Medizinschrank«

Auch Theater oder das Fernsehen liefern eine kräftige Dosis »Humormedizin« in den unterschiedlichsten Facetten von Klamauk bis zur feinsinnigen Kunst, an der wir unseren Geschmack bilden können. Humor kann bei den Überlegungen über unsere selbst gesteuerte Gesundheit durchaus ein ernstes Thema sein.

Das grüne Rezept

Eine glorreiche Wende im Gesundheitsverständnis vieler Menschen vollzog sich in den 70er-Jahren durch die Anerkennung des »Medikaments« Sport. Die Bundesärztekammer und die Spitze des Deutschen Sportbundes trafen sich zu einer gesundheitspolitischen Tagung in Köln und einigten sich auf die »Zehn Regeln zum vernünftigen Trimmen«. Was vorher nur von Gesundheits-Aposteln propagiert wurde, erhielt durch das Bekenntnis der beiden wichtigen Dachorganisationen einen bedeutsamen Anstoß für das ganze Volk. Die Empfehlung durch den Arzt, ein »bewegteres Leben« zu führen, hatte eine starke Wirkung und führte schrittweise zu massenhaften Verhaltensänderungen der Patienten zugunsten heilsamer körperlicher Aktivitäten.

Mehr Sport, weniger Pillen

Morgendliche Atemgymnastik, tagsüber Fahrrad fahren, der abendliche Schwimmbad- und Saunabesuch wirkten nicht nur den Auswüchsen des Pillen- oder Ampullenkonsums entgegen, sondern lösten Freude und zunehmend Stolz bei den Wieder-Sportlern aus. Dass die erfolgreiche Umsetzung des »grünen Rezepts« auf Anhieb gelang, ist weitgehend der guten Arbeit der Sportvereine zu danken, die ihre Übungsleiter auf die gestiegene Nachfrage nach Angeboten des Gesundheitssports eingestellt haben. Sportverbände, sportwissenschaftliche und pädagogische Hochschulen sowie Volkshochschulen begannen neben den Vereinen eine Of-

Freizeit- und Gesundheitssport auf dem Vormarsch

fensive, die den natürlichen Rhythmus von freudvoller Anspannung und bewusster Entspannung in das Bewusstsein der »Freizeitsportler« brachte und die Naturheilkräfte ins richtige Licht hob. Volksgesundheit durch Bewegung wurde so populär, weil stets neue Trimm-Aktionen den Spaß glaubhafter machen konnten, was von den öffentlichen Medien (kostenlos) unterstützt wurde.

In der zweiten Lebenshälfte kann die so wichtige Ausdauer in allen Altersstufen durch regelmäßiges Üben aufgebaut werden. Die Leistungsfähigkeit älterer Menschen verlangt – und erhält – ganz neue Veranstaltungen und Meisterschaften für Senioren.

Bewegung gehört zum modernen Lebensstil der Älteren

Jeder altert auf eigene Rechnung. Leichte Stretchgymnastik und die geselligen Ausdauer-Trainingsformen wie Wandern, Schwimmen, Nordic Walking oder einfaches Spazierengehen sind beliebt und gehören zum modernen Lebensstil älterer Menschen. Positive »Nebeneffekte«: Regelmäßige Bewegung an frischer Luft begünstigt ferner die Gedächtnisleistungen und lindert depressive Verstimmungen.

Mehr als die neue Haarfarbe
oder die sportliche Kleidung
sagt unsere Art zu gehen
etwas über unser Alter aus.

Anti-Aging-Medizin

Seit einigen Jahren gewinnt ein neuer Zweig im Gesundheitswesen rasant an Bedeutung. Anti-Aging tritt mit vielfältigen Themen an die Öffentlichkeit. Besonders die Schwerpunkte Alters-Medizin, Lifestyle, Ernährung, Wellness und Schönheit stellen die Angelpunkte für die ältere Generation dar. Alles was schon früher der Erhaltung einer guten Gesundheit und der Lebensfreude im heranrückenden Alter diente, stellt Anti-Aging als ein umfassendes Programm in einen eigenen Rahmen. Dazu werden auch neue medizinische Hilfen und Unterstützungen entwickelt, publiziert und marktgerecht angeboten. Das Anti-Aging-Programm funktioniert nach den Gesetzen des Marketings.

Die Maßnahmen und Therapiewege »gegen das Altern«, das entspricht der Übersetzung von Anti-Aging in die deutsche Sprache, sind originell, stets gut präsentiert und attraktiv aufgemacht, aber prüfenswert. Prüfenswert vor allem in Bezug auf die Kosten, denn viele Anbieter auf dem Anti-Aging-Markt haben die jungen Alten vor allem als Kunden im Auge. Nähern wir uns kritisch, wenn Anti-Aging ewiges Jungsein verspricht und benennen wir die Unseriösität, wo wir sie entdecken.

»Forever young« ist ein unsinniges Versprechen und verzögert altersgemäße Reifeprozesse.

Ist Pro- oder Anti-Aging die richtige Einstellung?

Mein Credo lautet »Pro-Aging«. Natürliches Altern, Kenntniserweiterung, Alterskompetenz oder gar Reifeprozesse sind im Anti-Aging-Programm allenfalls Randthemen. Der älteren Generation das letzte Lebensdrittel als eigenständige Lebensphase bewusst zu machen, ist die unbestritten gute Botschaft dieses Programms. Von den geistigen Aspekten ist beim Anti-Aging zu wenig die Rede. Wichtig ist die positive, zuversichtliche Einstellung zum Alter, die Teil unserer persönlichen Ausstrahlung werden kann. Wer sagte noch, dass unsere Gedanken die kleinen unbestechlichen Meißel sind, die unser Antlitz formen?

Geistiges und körperliches Training sind die wissenschaftlich gesicherten Maßnahmen, um den altersbedingten Leistungseinbußen entgegenzuwirken. Regelmäßige Kraft- und Koordinationsübungen schützen die Knochen vor Brüchen besser als Osteoporosetabletten, weil die Körperkraft, die Trittsicherheit und der Gleichgewichtssinn die Krisensituationen vorab vermeiden können.

Wenn die »Anti-Aging-Welle« in diesem Sinn bislang Passive aktiviert, ist das zu begrüßen.

Wellness-Angebote

Zeitgleich mit Anti-Aging ist der Begriff Wellness populär geworden. Der Begriff Wellness, der die gesundheitsbezogenen Maßnahmen zur Steigerung des Wohlbefindens zusammenfasst, ist nicht klar definiert und wird gerne zu Marketingzwecken herangezogen. Wenngleich die Experten sagen, dass Wellness nicht auf die Schnelle zu haben ist, werden viele Wochenend- und Kurzurlaube mit luxuriös klingenden Inhalten unter diesem Namen angeboten. Bei Anwendungen von Algenwickeln bis zum Stirnölguss, selbstverständlich mit Whirlpool und Massage, ist der in der Regel hohe Preis dieser Angebote gut begründbar.

Wellness beginnt im Kopf

Eine kostengünstigere Alternative ist die Do-it-yourself-Variante, die im eigenen Kopf beginnt. Gemeint ist die Entwicklung eines gesundheitsorientierten Lebensstils, der sich auf Dauer in dem Viereck zwischen bewusster Ernährung, leichter Bewegung, regelmäßiger Entspannung und genussreichen »Pflegezonen« bewegt: Sauna, Massage, Meditation, Tummeln in modernen Wasserlandschaften in einem ausgesucht angenehmen Ambiente sowie ärztliche Beratung sind selbst organisierbar.

Dennoch ist ein Wellnesspaket »von der Stange« sicher ein guter Einstieg, um auf Dauer sein eigenes Verwöhnprogramm selbst zu gestalten. Krankheitsanfällige Menschen sollten bei einem Wellnessurlaub in einem Hotel jedoch darauf achten, dass ärztliche Beratung und Betreuung zum Angebot gehören.

Ganzheitlichkeit im Denken
bedarf des ganzen Menschen.

Anstöße zum Verständnis »ganzheitlicher Gesundheit«

Sogar Angehörige unseres Gesundheitssystems üben an diesem Kritik. Mehr als die wenigen Denkanstöße in diesem Kapitel ahnen lassen, vermögen wir selbst zu regeln, wenn wir Teile der gesundheitlichen Verantwortung selbst in die Hand nehmen. Eine Beschäftigung mit den unterschiedlichen Heilwegen und Gesundheitsmodellen eröffnet neue Interpretationsmöglichkeiten und Handlungsspielräume gegen Krankheit.

Prävention an erster Stelle

Das medizinisch-biologische Modell ist an den Naturwissenschaften orientiert und bildet die Grundlage der bei uns vorherrschenden Schulmedizin. Die Krankheit wird als Störung des biologischen Systems verstanden und die Symptome werden medikamentös oder durch andere Eingriffe behandelt. Alternative Modelle werden mehr und mehr anerkannt, was sich zum Beispiel durch den Einzug der Akupunktur oder Homöopathie in vielen Arztpraxen zeigt. Das psychosomatische, das naturheilkundliche oder das sozialwissenschaftliche Modell gewinnen daneben an Bedeutung. Alle Modelle basieren auf einer ganzheitlichen Betrachtungsweise und betonen die Wichtigkeit von allgemeiner Prävention, d. h. die Einhaltung eines gesundheitsorientierten Lebensstils.

Krankheit durch Disharmonie

Zur ganzheitlichen Sicht der Gesundheit gehört auch die Anlehnung an Modelle aus anderen Kulturkreisen wie zum Beispiel an die Traditionelle Chinesische Medizin (TCM). Volle Gesundheit wird dabei als ein körperlicher und geistig-seelischer Gleichgewichtszustand (Homöostase) verstanden. Das gesunde Individuum und die gesunde Gemeinschaft sind Elemente einer großen Ordnung und jede Erkrankung entspringt einer Disharmonie auf individueller oder gesellschaftlicher Ebene. Die Komplexität unseres modernen Lebens erschwert die Beibehaltung des inneren Gleichgewichts und weist mit Nachdruck darauf hin, dass wir neues Rüstzeug benötigen.

Eine positive, zuversichtliche Lebenseinstellung dient unbewusst der ständigen Vorbeugung gegen Krankheiten und begünstigt jeden Heilungsprozess. Dabei spenden Liebe, Hoffnung und Glauben erwiesenermaßen Heilkraft. Der Wille des Patienten, geheilt zu werden, und das Vertrauen in die Behandlung sind entscheidende Aspekte jeder Therapie.

Du bist geheilt, wenn du erfasst,
dass ich dir gebe, was du hast.
Indische Medizinweisheit

Selbstheilung aktivieren

Der Arzt in uns braucht einen positiven Rahmen

Es gibt Menschen, die verfügen über Fähigkeiten, die als Heilkräfte wirksam werden können. Wenn ein Patient seinem Arzt vertraut, wirken dessen Autorität sowie seine Zuwendung und Aufmerksamkeit bereits heilsam. Wenn der Patient erfährt, was ihn krank macht und ab wann er mit einer Besserung rechnen kann, beginnt in besonderen Fällen eine Heilung ohne äußere Wirkstoffe. »Akzeptiere die Diagnose, aber wehre dich gegen die Prognose« lautet die Lebensmaxime von Norman Cousins, der in seinem als Wendepunkt in der Medizingeschichte bezeichneten Buch »Der Arzt in uns selbst« Lebensenergie, Ausdauer und Humor in ein neues Licht stellte. Krank oder gesund machende Bedingungen müssen zuerst erkannt werden. Danach kann eine Entscheidung für die Intervention erfolgen, die der mündige Patient mit tragen soll. Durch das Bejahen der ärztlichen Maßnahmen kommt die Tendenz des Körpers zur Selbstheilung besser zur Geltung. Persönliche Visionen, Wunschträume und Hoffnungen bilden einen begünstigenden Rahmen für die optimale Therapie.

Vorstellungskraft und Hoffnung können unseren Organismus beeinflussen. Je nach Vorstellung und Erwartung reagiert unser Gehirn und steuert Prozesse zur Freigabe körpereigener Wirkstoffe, die die Krankheit über das Immunsystem bekämpfen.

Selbstheilungskräfte noch wenig erforscht

Selbstheilung ist ein Thema für reife Menschen, weil sie aufgrund ihrer Lebenserfahrung den Fehler des krankhaften Grübelns vermeiden (lernen) können. »Wir sind, was wir erwarten«, sagt eine Lebensweisheit. Auf die Wirkweise der »sich selbst erfüllenden Prophezeiung« möchte ich an dieser Stelle hinweisen.

Die heutigen Erkenntnisse über die menschliche Lebensenergie lassen weitere Verbesserungen der Heilswege erwarten. Wenn diese Energie auf bestimmte

Seelenprozesse gelenkt wird, spricht man von einem Heilungskanal im menschlichen Körper, der ähnlich der Meridiane in der Akupunktur aktiviert werden kann. Auch wenn dies noch nicht bis ins letzte Detail erforscht ist, glauben Wissenschaftler wie beispielsweise Fritjof Capra oder Stephano Sabetti, dass die Selbstheilkräfte im Körper ganz natürliche Prozesse sind. Nicht nur spirituelle Menschen könnten nach dieser Theorie mittels Konzentration und geistiger Methoden ihre Gesundheit unterstützen. In unserem Körper besteht die Tendenz zur Selbstheilung, was wir ja ständig bei kleinen Verletzungen und Bagatellerkrankungen erfahren, aber noch nicht begreifen.

Was verrät der Placebo-Effekt?

Damit befinden wir uns ganz in der Nähe eines anderen Phänomens im Gesundheitswesen, dem Placebo-Effekt. Ein Beispiel ersetzt die Definition: Geben Ärzte 100 Patienten ein wirksames Medikament, geht es hinterher 50 von ihnen besser. In der Vergleichsgruppe mit dem gleichen Leiden erhalten ebenfalls 100 Patienten ein Placebo (Tablette ohne Wirkstoff), von denen 40 positiv reagieren. Es handelt sich also um eine Besserung aufgrund einer vorgetäuschten Therapie. In der Placeboforschung wird mit Tabletten, Spritzen und Operationen experimentiert. (Die jeweiligen Patienten sind im Rahmen der ärztlichen Pflichten zu informieren.) Auch die Anhänger der herkömmlichen Heilkunde, die dem Placebo-Effekt kritisch gegenüberstehen, müssen einräumen, dass zumindest eine Schmerzhemmung sehr zuverlässig eintritt.

Demzufolge stellt sich doch die Frage, was sich durch eine Kombination herkömmlicher und alternativer Therapiewege, die den Glauben an die Selbstheilung einschließen, für segensreiche und schnellere Heilerfolge erzielen ließen.

Salutogenetisches Denken

In allen Bereichen des Gesundheitswesens wird weiter geforscht. Zu den unterschiedlichen Gesundheitsmodellen stieß Mitte der 90er-Jahre eine neue, sehr interessante Forschungsrichtung: Die Salutogenese gilt als zentraler Baustein der Gesundheitswissenschaften. Im Gegensatz zu der die klassische Medizin dominierenden Pathogenese, die sich mit dem Entstehen und Behandeln von Krankheit befasst, beschäftigt sich die Salutogenese (Sales, lat. Heil, Unverletztheit, Glück und Genese, griech. Entstehung) mit den Ursprüngen der Gesundheit durch Forschungen am gesunden Menschen.

Wieso bleiben einige Menschen länger gesund?

Aaron Antonovsky, ein israelischer Medizinsoziologe und Stressforscher, schlug diese neue Forschungsrichtung ein, indem er Fragen stellte wie »Warum bleiben Menschen trotz vieler gesundheitsgefährdender Einflüsse gesund?« und »Was ist das Besondere an den Menschen, die trotz extremer Belastungen nicht krank werden?«

Damit legte er den Grundstein für eine Änderung des Denkens über Gesundheit und Krankheit, deren Bedeutung im Hinblick auf Prävention langsam wächst.

Zunächst bestätigte Antonovsky, dass Probleme, Risiken und Leid zum menschlichen Leben gehören und unterschiedliche Grade von Anspannung auslösen. Genauso zählen aber auch »heilsame« Ressourcen zu unserem Leben, die er als Widerstands-Ressourcen in sein Modell aufgenommen hat. Dazu gehören das körperliche Immunsystem, ein stabiles Selbstwertgefühl ebenso wie tiefe, belastbare, zwischenmenschliche Beziehungen, wirtschaftliche Sicherheit sowie Wissen und Intelligenz.

Die Bedeutung der »Widerstands-Ressourcen«

Als weitere wichtige Elemente der Salutogenese gelten:

▷ **Das Gesundheits-Krankheits-Kontinuum**
Der Mensch ist nie ganz gesund und nie ganz krank, sondern er befindet sich – täglich pendelnd – immer irgendwo zwischen den äußeren Polen dieser Skala.

▷ **Das Kohärenzgefühl**
Dieses Gefühl wird erreicht, wenn wir den Komplex Gesundheit/Krankheit in einem dynamischen Zusammenhang sehen. Wird einer Störung oder Belastung mit einer hohen Bereitschaft zum Verstehen begegnet, kann diese Störung besser bewältigt wer-

den. Die feste Überzeugung von der Heilung ist ein Element des Gesundungsprozesses. Als dritter Faktor muss die grundlegende Einstellung hinzukommen, dass das Leben auch mit einer Gesundheitsstörung lebenswert ist. Verschmelzen diese drei Faktoren zu einer persönlichen Weltanschauung, kann das Kohärenzgefühl verschiedene Systeme des Organismus positiv beeinflussen.

Unsere Lebenseinstellung beeinflusst Krankheit und Gesundheit

Praktische Anregungen

Nur in einem ruhigen Teich
spiegelt sich das Licht der Sterne.
Chinesisches Sprichwort

In der Ruhe liegt die Kraft

Jeder sollte auf persönliche Entspannungsformen zugreifen können

Das Leben besteht aus Phasen der Anspannung und der Ruhe. Die gelungene Mischung erhöht die Aussicht auf ein gesundes und ausgeglichenes Leben. Ruhe meint nicht Faulheit, nicht wuchernde Passivität, sondern stellt den notwendigen Ausgleich zu Anstrengung und Aktivsein dar. Entspannung und Ruhe sind lebenswichtige Aspekte, besonders für ältere Menschen. Immer noch ist die (überholte) Meinung anzutreffen, dass »sich Ausruhen« eine private Angelegenheit sei, die man am besten im Verborgenen regelt und über die man nicht spricht.

Unsere zivilisationsbedingte moderne Lebensweise durchbricht die von der Natur vorgegebenen Rhythmen, zum Beispiel Tag/Nacht, laut/leise, schnell/langsam in vielfältiger Form. Eine Überreizung des Nervensystems ohne körperliche Anstrengungen ist ein ungesunder Vorgang, den viele nicht als störend erkennen: Stress ist eine Geißel unserer Zeit. Persönliche Entspannungsformen zu finden, ist geboten. Wer mit Ruhe und Entspannungsthemen nichts anfangen kann, ist akut gefährdet!

Das autogene Training

Einfache Formeln mit großer Wirkung

Jeder ältere, auf seine Gesundheit bedachte Mensch sollte die Methode des autogenen Trainings nach Prof. J. H. Schultz kennenlernen. Durch dieses Training wird mittels Konzentration und Aufmerksamkeit ein Zustand der Ruhe und Entspannung erreicht. Es erhöht die Leistungsfähigkeit im praktischen Leben und die Wahrnehmung des eigenen Körpers auf eine neue Weise. Der gut Trainierte lernt Unlust- und Schmerzgefühle zu beeinflussen oder zum Verschwinden zu bringen und innere Unruhe oder Schlafstörungen zu beheben.

Das autogene Training ist eine Methode, die mit Autosuggestion arbeitet. Durch einfache Formeln (»Ich bin ganz ruhig«, »mein Arm ist ganz schwer«) lernt der Übende, sich auf sich selbst zu konzentrieren und innere Ruhe zu finden. Nach den Schwereübungen wird dem Körper suggeriert, dass sich überall im Körper eine angenehme Wärme ausgebreitet hat. Atmung und Herzschlag sollten dabei gleichmäßiger werden. Am Ende wird der Entspannungszustand dann wieder gezielt aufgelöst.

Es gibt zahlreiche andere Entspannungsmethoden, die mit dem autogenen Training verwandt sind. Die Vermittlung der Übungen sollte immer von einem Psychologen, Arzt oder einem Übungsleiter mit ähnlicher Ausbildung vorgenommen werden.

Kurse unter kompetenter Anleitung vermitteln die Grundlagen

Im Atemholen sind zweierlei Gnaden:
Die Luft einziehen, sich ihrer entladen.
Jenes bedrängt, dieses erfrischt;
So wunderbar ist das Leben gemischt.
Du danke Gott, wenn er Dich presst,
Und dank ihm, wenn er Dich wieder entlässt!
Johann Wolfgang von Goethe

Richtiges Atmen – Gesundheit gewinnen

Stellvertretend für die zahlreichen Entspannungsmethoden, die für die Selbstregulierung unserer Gesundheit eine wichtige Rolle spielen können, wie zum Beispiel Yoga, Feldenkrais, Qi Gong oder Tai Chi, möchte ich Sie außerdem zur Beschäftigung mit dem bewussten Atmen einladen. Die Regeln des richtigen Atmens sind ein zentraler Bestandteil nahezu aller Konzentrations- und Entspannungsverfahren. Obwohl wir unser ganzes Leben lang atmen, wird die Bedeutung des Atems im Hinblick auf unsere Gesundheit unterschätzt.

Bedeutung des richtigen Atmens wird unterschätzt

Biologisch betrachtet dient Atmen dem Gasaustausch: Sauerstoff rein, Kohlendioxid raus, etwa 16 Mal pro Minute jeweils ein halber Liter Luft. Ausgehend von dem autonomen Nervensystem sind die Kontraktionen des Zwerchfells automatisiert, d. h., der Atemvorgang verläuft unabhängig von unserem Bewusstsein. Die Einatmung sollte durch die Nase erfolgen, die Ausatmung durch Mund oder/und Nase. Bei entsprechendem Bedarf aufgrund starker körperlicher Belastung oder starker Erregung erhöht sich die pro Minute in Ruhe benötigte Luftmenge von durchschnittlich sieben bis acht Litern auf das Zehnfache des Normalen.

Der Atem reagiert auf jede innere Regung

Die Atmung reagiert auf alles, was in oder mit uns geschieht: auf Erlebnisse, das Denken und Fühlen sowie auf Haut- und Umweltreize. Unbestechlich wie ein Spiegel verrät der Atem unsere Gemütslage. Kein Wunder, dass in vielen Sprachen die Wort- und Sinnzusammenhänge zwischen Atmung, Geist, Kraft und Lebenshauch nachweisbar sind. Das natürliche und das betonte Ausatmen sind stets auch Elemente der Entspannung. Jeder kennt das befreite Ausatmen nach einer spannungsreichen Situation (und fast jeder die Atembeklemmung bei einer Lüge).

Viele Atemtechniken sind einfach anzuwenden

Die Atemtechnik kann man in jedem Alter verfeinern. Nervöse Menschen atmen meistens zu oberflächlich und gepresst. Ohne ein gewisses Maß an Gelassenheit kann man nicht richtig atmen. Darum ist Entspannung so wichtig. Da wir fast immer unter einer psychosozialen Belastung zu leben haben, empfinden wir intensive Atmung – meist durch Bewegung ausgelöst – als willkommenen Ausgleich. So sind Bergwandern und Dauerlaufen eine gute Basis für eine Atemschulung. Konzentrierte Atemarbeit nützt Gesunden und Patienten. Ihr Vorteil liegt in der Zeit- und Ortsunabhängigkeit; sie kann im Gehen, Liegen, Sitzen oder Stehen erfolgen. Zur Überwindung des oberflächlichen Atmens bedarf es einiger Feinfühligkeit und innerer Ruhe. Ein Fehler kann darin liegen, dass zu sehr bewusst auf ein vertieftes Einatmen geachtet wird.

Zu Beginn eigener Übungen mit dem Atem liegt die Kunst im fast absichtslosen Beobachten, damit der natürliche Rhythmus nicht gestört wird. Sich selbst beim Aus- und Einatmen zu beobachten, kann Tiefe ins Leben bringen. Die Ruhe muss spürbar sein. Nachdem wir eine Weile sehr sensibel die automatischen Vorgänge bei uns beobachtet haben, empfehle ich drei Schritte, mit dem Üben zu beginnen:

- ▷ Jedes Üben setzt bei dem tiefen Ausatmen ein, das leicht unterstützend verlängert werden darf. Das Üben darf kein Eingreifen sein und braucht Zeit.
- ▷ Am Ende des Ausatmens entsteht eine kleine Pause, die sich harmonisch anfühlt.
- ▷ Dann folgt das Einatmen, das kürzer als das Ausatmen ist. Am Ende des Einatmens ist keine Pause, der Rhythmus geht ruhig weiter, wie im Schlaf.

Nach acht oder zehn dieser »kontrollierten« Atemzüge kann die Übung abgeschlossen werden. In dieser Weise sollte man mehrmals am Tag spielerisch üben, bis das konzentrierte Atmen »zugriffsicher« erreicht wird. Verlängerte Phasen des Ausatmens dürfen als Ziel angesehen werden.

Zehn Gründe sprechen für das »richtige« Atmen:

- ▷ Die verlängerte Ausatmung führt zur Entspannung auch im vegetativen und geistigen Bereich.
- ▷ Die durch Atemübungen eingeleitete Entspannung hat die Tendenz, sich im ganzen Körper auszubreiten.
- ▷ Durch die begleitende Konzentration treten alle Alltagsprobleme in den Hintergrund. Diese passive Wachheit lässt uns die eigene Mitte finden und festigen.
- ▷ Das Bewusstsein, dass der eigene Kopf und nicht die hektische Umwelt unsere Lage bestimmt, bedeutet Lebensgewinn.
- ▷ Durch die Distanz zum Tagesgeschehen lernen wir die Fähigkeit zur Muße und die Chance zum Kreativsein wächst.
- ▷ Energie- und Intelligenzfluss werden begünstigt.
- ▷ Die Fähigkeit, klare Entscheidungen zu treffen, steigt.

- ▷ Die Arbeit des Herzens wird durch Atemübungen erleichtert; der Blutdruck reguliert sich langfristig.
- ▷ Der ruhige Atem harmonisiert die Stimme und die Sprechweise.
- ▷ Es entstehen weder Kosten noch schädliche Nebenwirkungen.

Bewusst essen und genießen

Fit bleiben durch bewusste Ernährung

Neben der Entspannung und der körperlichen Bewegung ist bewusstes Essen und Trinken die dritte, wichtige Säule zur Erhaltung der Leistungsfähigkeit und der Gesundheit im Alter. »Better-Aging« kann nur gelingen, wenn auch die Ernährungsweise stimmt. Ausgewogenes, auf das Maß der Bewegung abgestimmtes Essen und Trinken trägt entschieden dazu bei, dass wir geistig und körperlich fit bleiben. Viele natürliche Bestandteile von Lebensmitteln haben gesundheitsfördernde Wirkungen. Ein expandierender Markt lebt davon, gerade ältere Menschen mit diesen Stoffen in Form von Vitamin- und Mineralstoffpräparaten oder Kapseln mit bioaktiven Pflanzenstoffen zu versorgen. Besser wirkt's und besser schmeckt's jedoch, wenn wir die wertvollen Stoffe in Form von Lebensmitteln zu uns nehmen. Hier ein paar Tipps dazu:

- ▷ Frisches Obst und Gemüse sollten mehrmals täglich auf den Tisch kommen. Wählen Sie dabei möglichst biologisch angebaute Produkte aus der Region und der Saison aus, dann schmecken sie am besten und enthalten die meisten wichtigen Inhaltsstoffe.
- ▷ Getreideprodukte wie Brot, Reis oder Nudeln sind besonders wertvoll, wenn sie aus dem vollen Korn hergestellt sind. In den Randschichten von Weizen, Roggen oder Dinkel stecken die Stoffe, die unser Wohlbefinden erhöhen. Gleichzeitig helfen die Ballaststoffe Blutzucker, Fettstoffwechsel und die Verdauung zu regulieren.

  Vollkornbrot muss dabei nicht unbedingt grobkörnig sein. Viele Brotsorten werden aus fein gemahlenem Getreide zubereitet. Reinschmecken lohnt sich – übrigens auch bei den vielen Arten von Vollkornnudeln oder Getreidearten wie Naturreis, Grünkern oder Hirse.

- ▷ Ältere haben wieder mehr Zeit für die Auswahl und Zusammenstellung der Mahlzeiten. Das sollte schon beim freudvollen Einkaufen beginnen. Wir müssen nicht durch den Supermarkt rasen und die »günstigen« Angebote der Nahrungsmittelindustrie schnell einsammeln. Ein Gang über den Wochenmarkt beispielsweise spricht unsere Sinne viel mehr an und macht bereits den Einkauf zum Erlebnis.
- ▷ Alles was wir nicht bewusst auf Vorrat einkaufen, sollte möglichst frisch sein. Lieber in kleinen Mengen kaufen, auch wenn es dann vielleicht nicht so günstig ist. Vergammeltes Obst in der Biotonne kommt teurer.
- ▷ Selbst kochen führt (bei Männern) zu einem neuen Verständnis von Essen. Wahre Anfänger finden bei der Partnerin oder im kleinen Kreis von Freunden sicher geduldige und nachsichtige Lehrer. Gesellige Menschen werden Spaß an einem Kochkurs haben. Rezepte für köstliche Gerichte und Tipps für die Zubereitung bringen Abwechslung auf den Tisch, ganz nebenbei entstehen vielleicht auch nette Kontakte zu Gleichgesinnten.

Langsam essen, mehr genießen

- ▷ Beim betont langsamen und genussvollen Essen wird die Grundlage für die Bekömmlichkeit gelegt. Unser Körper meldet die ersten Anzeichen der Sättigung erst mit minutenlanger Verzögerung. Hastige Esser verpassen dieses Signal Ma(h)l um Ma(h)l. Fünf kleinere Mahlzeiten am Tag sind besser als drei große.
- ▷ Viel trinken ist der beste Schutz vor der Alterung der Haut, hält das Blut flüssig und das Gehirn leistungsfähig.

Trinken bevor der Durst kommt

- ▷ Gerade der Körper älterer Menschen braucht mehr Flüssigkeit, als uns das Durstgefühl anzeigt. Die wasserreichsten Organe wie Blut, Gehirn, Leber und die Muskulatur reagieren auf Wasserverluste durch Leistungsabfall. Was häufig als Altersabbau gedeutet wird, kann ein Bedürfnis nach Flüssigkeit sein, das wir, am besten in vielen Portionen über den Tag verteilt, befriedigen. Zwei Liter pro Tag sollten es schon sein, neben Wasser sind verdünnte Säfte und Kräuter- oder Früchtetee ideal. Am besten stellen Sie sich Ihr Lieblingsgetränk gut sichtbar und griffbereit auf den Tisch. Auch ein Trinktagebuch kann hilfreich sein.

- ▷ Beim Trinkfahrplan für den Tag stellt die Milch, die eigentlich zu den Nahrungsmitteln zählt, auch bei den Älteren einen attraktiven Eiweißträger dar. Milchprodukte sollten, soweit sie vertragen werden, im Gegensatz zu Fleisch, Fisch und Eier, zum täglichen Speisezettel zählen.
- ▷ Alkohol in Maßen ist kein Tabu; dem abendlichen Glas Rotwein beispielsweise werden einige gesundheitsfördernde Wirkungen zugesprochen.
- ▷ Ein aktives Leben macht Appetit. Sportliche Betätigung, aber auch Aktivitäten im Ehrenamt oder ein Hobby, das ausfüllt, verbessern die Lebensfreude und damit auch häufig die Lust am Essen. Wie so häufig gilt es auch hier, das rechte Maß zu finden. Ein Zuviel ist dabei ebenso schädlich wie ein Zuwenig.
- ▷ Vereinsamung ist oft der Grund, warum ältere Menschen sich schlecht ernähren. Wer es schafft, in einem sozialen Netzwerk zu leben, wird auch weiterhin Spaß am genussvollen Essen und Trinken haben. Je eher wir damit anfangen, ein solches Netzwerk aus Verwandten, Freunden oder Nachbarn zu pflegen, umso besser.
- ▷ Über Ernährung wird viel, auch viel Widersprüchliches veröffentlicht. Zu vielen Einzelaspekten gibt es reichlich Literatur. Kontaktadressen für weiterführende Informationen finden Sie im Anhang ab Seite 193.

Max möchte dem Thema Ernährung »vom Anfang an«, d. h. bereits beim Einkaufen näher kommen. Mit seiner Vorliebe für Planung legt er unterschiedliche Einkaufslisten für den Lebensmittelbedarf an: Was kaufe ich auf Vorrat, was brauchen wir frisch? Für Obst und Gemüse hat er jetzt zwei Anbieter auf dem Wochenmarkt entdeckt, zu denen lockere Kontakte entstehen. Da die beiden ihre Marktstände direkt nebeneinander betreiben, bezieht sie Max gern in lustige Dreiergespräche ein, wenn sonst wenig los ist. Indem er die Rolle »Der Kunde ist König« zwar burschikos, aber mit ernstem Interesse spielt, gewinnt Max nicht nur neues Wissen, sondern auch den einen oder anderen kleinen Vorteil.
Max hat ja Zeit und lernt durch den ständigen Vergleich die günstigen Preise von den überteuerten zu unterscheiden. Beim Anlegen von Vorräten muss er den Verbrauch der Produkte, deren Haltbarkeit und die Lagerkapazität in den Kühlschränken aufeinander abstimmen. Die anfänglichen Hilfen von Eva sind nicht mehr nötig. Max ist ein tüchtiger, umsichtiger Einkäufer geworden, der sich auch selbstbewusst spontan für ein »Schnäppchen« entscheidet, dabei aber immer auch auf die Qualität achtet.

Unser Körper ist für Anstrengung geschaffen!
Dosiertes Training nützt in jedem Alter.
nach Dr. Ernst van Aaken

Sport fördert die Kraftfelder des Alters

Sportliche Bewegung hilft in vielen Lebenslagen

Der Prozess des Alterns wird von sportlicher Betätigung erheblich beeinflusst. Durch Sport kann die altersgerechte Krönung des Lebens besser erreicht werden. Wenn der Mensch von der Last (oder Lust) des beruflichen Erwerbslebens befreit ist, kann die sportliche Bewegung in unserem Leben eine neue Chance bekommen. Zur Motivation vorab: Viele kleine gesundheitliche Störungen treten beim regelmäßigen Sporttreiben erst gar nicht auf, Krankheiten lassen sich positiv beeinflussen.

Der Sport kann gerade in der Übergangszeit bis zum geregelten »Ruhestand« die wichtige Aufgabe übernehmen, körperliches oder psychisches Ungleichgewicht zu verhindern. Mit einem fast unüberschaubaren Angebot bietet sich ein breites Feld an wohltuenden Möglichkeiten, ganz gleich, ob wir nun die gesundheitlichen Wirkungen oder die geselligen, sozialen oder kulturellen Aspekte bevorzugen. Der Sport bietet jedermann kurzfristig an, Kooperationen für Stunden einzugehen, in denen Menschen sich kennenlernen, aufeinander angewiesen sind, sich wechselseitig herausfordern oder spielerisch miteinander kämpfen. All dies kann in leicht wieder auflösbaren Formen geschehen auf dem Weg zu einem befriedigenden, ausgefüllten Leben und dient der Stärkung und der Weiterentwicklung im Alter. Regelmäßiges Training, gerade wenn es die ausgetretenen Pfade verlässt, beeinflusst die Einstellung des Menschen zum Leben positiv. Man lernt, sich zu entspannen, bekommt neue Selbstachtung und ist den alltäglichen Belastungen besser gewachsen. In unseren Gesprächen werden die Themen Arthrose und das Zipperlein abgelöst von bestandenen Willenstests, Mutproben und von Spielerlebnissen. Neue Forschungsergebnisse belegen eine generelle Trainierbarkeit im Alter, deren Grenze ausgelotet werden kann.

Nicht ausreichend genutzte Teile des menschlichen Organismus erschlaffen allmählich. Durch daraus entstehenden Schwächungen geht Lebenskraft vorzeitig verloren und die Anfälligkeit für eine ganze Reihe von Krankheiten wird gesteigert.

Freude gehört dazu

Dabei sollte sich jeder »seinen« Lieblingssport aussuchen. Denn nur der Sport, der Spaß macht, wird regelmäßig ausgeübt und bringt so den gewünschten Effekt.

Die Lebenszeitsportler

Wer sein Leben lang regelmäßig Sport getrieben hat, weiß aus eigener Erfahrung: Sport verlangsamt das Altern aus verschiedenen Gründen. Die Beweglichkeit wird besser erhalten, die Muskulatur gekräftigt, die Gelenke werden geübt, der Atem vertieft. Sportler tragen ihren Teil zur anhaltenden Gesundheit sowie geistiger und körperlicher Frische bei. Aber das Alter setzt auch den »Durchtrainierten« irgendwann neue Grenzen, die man freiwillig, d. h. nicht erst durch das Auftreten einer Verletzung oder Krankheit (an-)erkennen sollte. Vernünftig ist, Intensität und Umfang immer wieder nach dem Prinzip »das neue Maß« (s. Seite 42) selbst zu überprüfen. Dazu gehört, mit dem uns innewohnenden »Ehrgeiz-Teufelchen« ernsthafte Gespräche zu führen. »Schneller, höher, weiter« kann nicht mehr das Ziel sein. Die neu zu erwerbende Trainingskunst besteht darin, Trainingsreize so zu verringern, dass sich die Kurve unserer Leistungsfähigkeit möglichst langsam in einem lang gezogenen Bogen nach unten bewegt. An die Stelle der früher angestrebten Leistungsanstiege rückt jetzt das Lebensfreude schenkende Pensum, gegebenenfalls in geselligen Gruppen. Der Abschied von der höchstmöglichen Leistung bezeugt altersgerechte Reifungsprozesse. Wer mit der »gesparten Energie« Probleme hat, findet im Verein bestimmt weitere Betätigungsfelder. Der Entschluss, sich ohne äußeren Zwang wegen Vollendung eines neuen Lebensjahrzehnts ganz von seinem Sport zu verabschieden, ist dagegen in jedem Fall ein schwerer Fehler.

Trainingskunst: den Ehrgeiz zügeln!

Anstelle von Urkunden und Medaillen sind Elastizität und Schwung in den Bewegungen, die am ruhigen Atem erkennbare Entspanntheit und die vom Wetter getönte Hautfarbe die wertvollsten »Abzeichen« des älteren Sportlers.

Die altersgemäßen »Abzeichen« erwerben

Die Wieder- und Neueinsteiger

Für die jungen Alten, die bislang wenig mit Bewegung oder Sport zu tun hatten, sei eines vorweg gesagt: Es gibt keine Altersgrenze zum Einstieg! Zwei Dinge sind bei der Verwirklichung des Vorhabens wichtig:

- ▷ Das sportliche Tun muss Freude versprechen.
- ▷ Eine ärztliche Untersuchung ist vor dem Wiedereinstieg ratsam.

Das hohe Ansehen und der gesundheitliche Wert sportlicher Betätigung sind seit langem unbestritten. Relativ neu ist die sportmedizinische Erkenntnis, dass bestehende Leiden oder latente Beschwerden durch Bewegung positiv beeinflussbar sind und manchmal auch geheilt werden können. Richtig dosiertes Training unterstützt Heilungsprozesse zum Beispiel bei Herzmuskelschwäche, Krebs, Diabetes, aber auch bei seelischen Erkrankungen wie Depressionen.

Regelmäßig muss das Training schon sein

Bisherige Nichtsportler sollten sich nicht von dem herkömmlichen Leistungsbegriff im Sport abschrecken lassen. Jedes kontinuierliche Training bewirkt eine Leistungssteigerung. Es kommt darauf an, einen individuellen Leistungsbegriff zu entwickeln. Etwas besser zu können als vorher, ist ein Wert an sich und braucht keinen wettbewerbsähnlichen Vergleich! Der persönliche Zugewinn an Ausdauer, Kraft oder Beweglichkeit soll Freude über das Erreichte auslösen.

Vorsicht ist auch bei den geeignetsten Einstiegssportarten angebracht: Nach längerer Pause sollte unbedingt mit leichtem Üben begonnen werden. Viele Einsteiger wählen die natürlichste Bewegungsform, die ohne Gerät und fast in jedem Gelände ausgeübt werden kann: das Gehen oder Laufen.

Behutsam beginnen

Stellvertretend für andere Einstiegsformen soll hier der behutsame, ja sanfte Beginn beim Laufen beschrieben werden. Die beteiligte Muskulatur und das Körpergewicht haben sich altersbedingt verändert. Um am Laufen Spaß zu finden, darf gerade beim Beginn keine Sauerstoffschuld aufkommen. Das bedeutet, leichte Dauerläufe von etwa einer Minute sollen von ebenso langen Gehpausen abgelöst werden. Dies im Wechsel anfangs 10 bis 20 Minuten lang, ist eine gefahrlose Ausdauerschulung, die im Bereich mit ausreichender Sauerstoffversorgung bleiben muss. Bei Übergewicht empfiehlt sich, zunächst nur zu walken oder mit Nordic Walking zu beginnen. Natürlich nimmt die gesamte Lebensführung (Ernährung, Genussmittelkonsum, Schlafverhalten) Einfluss auf die Fortschritte des Trainings. Der Einstieg wird leichter gelingen, wenn sich gleich gesinnte Partner oder Freunde finden lassen. So können sie sich gegenseitig motivieren und feste Termine zum »Sporteln« helfen außerdem, eine gewisse Trägheit zu überwinden.

Altersgemäße Sportarten

Es gibt viele altersgemäße Sportarten, die risikolos sind, mit wenig Kosten verbunden sind und von jedermann ausgeübt werden können. Hier ein kleiner Überblick in Anlehnung an eine Aufstellung der Zeitschrift »Der Allgemeinarzt«:

Das **Wandern** gilt als die Quelle der Gesundheit und der Seelenruhe schlechthin. Es ist der vortrefflichste Sport für das Alter. Der hohe Energieverbrauch bei ausgedehnten Wanderungen und der Genuss des Naturerlebens bilden zusammen eine optimale Gesundheitsvorsorge. Sowohl das Herz-Kreislauf-System, die gesamte Beinmuskulatur als auch das Nervensystem profitieren von dieser Aktivität. Sehr zu empfehlen ist ein gleichmäßiger Schrittrhythmus. Das bewusste Erwandern von Zielen wirkt als Lebensbereicherung. Vielleicht lassen sich die Enkel interessieren?

Ausdauertraining stärkt Herz und Kreislauf

Walking und Nordic Walking sind durch die schonende Ausführung für ältere Menschen gut geeignet und fördern bei Temposteigerung auch die Kraftausdauer. Beim Nordic Walking wird durch den Einsatz spezieller Stöcke auch die Oberkörpermuskulatur mit einbezogen, was den Trainingseffekt erhöht. Durch die Belastungsverlagerung auf die Arme werden die Kniegelenke um 30 Prozent gegenüber dem Joggen geschont. Auch stark übergewichtige und (gelenk-)kranke Menschen können walken. Eine fachliche Einführung, beispielsweise durch einen Wochenendkurs, erhöht den Nutzen.

Das **Laufen oder Joggen** ist nicht zufällig die Lieblingssportart von Millionen geworden. Neben den hohen Erlebniswerten wachsen Ausdauer und körperliches Selbstvertrauen beim regelmäßigen Training gleichermaßen. Wenn kein Lauftreff mit spezieller Anfängerbetreuung in der Nähe ist, lässt sich Dauerlauftraining relativ leicht selbst organisieren: Man laufe mit bewusst schonendem Beginn fünf Minuten in eine Richtung zu einem Wendepunkt und versuche, in etwa der gleichen Zeit wieder am Startpunkt anzukommen. Das Zeitmessen dient der Organisation und darf keine Leis-

In jedem Alter wächst die Ausdauer durch Übung

tungsgedanken wecken. Wächst die Ausdauerfähigkeit, so verlängert man die Hin- und Rückläufe um einige Minuten. Nicht schneller, sondern länger laufen ist richtig. Zu hohes Tempo schadet und zerstört den behutsamen Aufbau!

Ski-Langlauf eignet sich aufgrund der fließenden Bewegungen sehr gut für ältere Menschen. Allerdings sollte unter fachkundiger Anleitung begonnen werden. Der relativ schmale Langlauf-Ski trainiert gleichzeitig mit der Koordinationsfähigkeit auch das Gleichgewicht. Das Erlernen der Technik und eine gute Ausrüstung sind wichtig. Die würzige winterliche Luft stärkt die Abwehrkräfte. Wer die Technik beherrscht, kann die weißen Landschaftsbilder genießen und stärkt gleichzeitig Herz und Kreislauf.

Radfahren kann besonders da empfohlen werden, wo ein Radwegenetz oder gute Landschaftswege vorhanden sind bzw. über verkehrsarme Straßen erreichbar sind. Herz-Kreislauf-System, Geschicklichkeit und Gleichgewicht werden geschult. Fachleute sollten zu Beginn die richtige Sitzposition am Fahrrad einstellen und Ausrüstungstipps geben. Zugewinn an Ausdauer verlangt Fahrten von gut zwei Stunden im Flachland; Bergstrecken wirken intensiver. Aussichtspunkte sind Einladungen zu verdienter Pause.

Schwimmen und Aquagymnastik gewinnen mit Recht an Bedeutung als Freizeit- und Gesundheitssport für alle Generationen. Auch dynamische Bewegungen im Wasser werden langsam vollzogen, was eine muskuläre Schonung bei voller Kreislaufbelastung zulässt. Die aufgehobene Schwerkraft entlastet den Bewegungsapparat. Je nach Schwimmstil sind große Muskelgruppen beteiligt, was der Ausdauer zugute kommt.

Erst informieren, dann aber auch aktiv werden!

Diese kleine Liste einfacher Ausdauer-Sportarten verweist auf Übungsmöglichkeiten, die sich zum Einstieg in die sportliche Betätigung eignen. Die Palette der weiteren Angebote ist groß. Reicht der Erfahrungs- oder Kenntnisstand nicht aus, möchte ich empfehlen, sich in der Auswahl aktueller Sportliteratur Rat zu holen. Theoretische Grundlagen erhöhen die Motivation und die Freude und helfen unter Umständen schmerzhafte Fehler zu vermeiden, ersetzen aber nicht das Tun!

Auf einen häufig vorkommenden Kardinalfehler möchte ich aus Erfahrung eindringlich hinweisen: Beachten Sie das neue Maß! Eine Belastungsregel, die jederzeit funktioniert, ist an unserem Atem oder unserem Puls ablesbar. Sobald die Atemzüge in schweres Schnaufen übergehen oder die Pulsfrequenz das Richtmaß 180 minus Lebensalter überschreitet, muss die Belastung sofort verringert werden. Beim Laufen in Begleitung dient das Gespräch als Regulator für angemessene Belastung (»Laufen ohne Schnaufen«).

Belastungsgrenzen kennen und einhalten

Eine zuverlässige Überwachung der Belastung bietet ein Pulsmessgerät. Der Brustgurt der sogenannten Pulsuhr misst die Herzfrequenz und ist auf Belastungsgrenzen einstellbar. Die Geräte berechnen zusätzlich den Kalorienverbrauch und »erfühlen« die Tagesform, so dass eine wesentliche Hilfe zur Sicherung und Optimierung des Ausdauertrainings gegeben ist. Einsteigermodelle kosten zwischen 40 und 70 Euro.

Gymnastik ergänzt das Ausdauertraining

Gleich nach der Ausdauer folgt in der Bedeutungsrangfolge das Muskelaufbau-Training für die jungen Alten. **Gymnastik,** unter welchem Namen auch immer sie uns heute begegnet, mit oder ohne Musik, mit oder ohne Entspannungsanteilen, dehnt, lockert und kräftigt die Muskulatur. Sie trägt zum Wohlbefinden bei, regt das Herz-Kreislauf-System an und beugt der bekanntermaßen langen Liste von Rückenbeschwerden sowie der Osteoporose vor. Gymnastik ist die optimale Ergänzung zum Ausdauertraining und sollte zu Beginn unter Anleitung, gegebenfalls in einer Gruppe ausgeübt werden. In diesem Bereich nützt Literatur wenig, weil nur das kontrollierende Auge eines Übungsleiters den Erfolg garantiert.

Sehr einladend gibt auch eine Reihe von sportlichen Spielen ohne große Anstrengung die passende Antwort auf den Lebens- oder Bewegungshunger. Wer zum Tennis, Tischtennis, Badminton (Federball), Kegeln oder Golfen findet, überwindet die (Alters-)Hemmschwelle am leichtesten, weil das Spiel zusätzliche Anreize bie-

Spielen bringt Freude pur

tet und das Training kurzweilig und mit viel Spaß abläuft. Beim Spielen entstehen zwangsläufig neue Kontakte zu anderen Menschen, was genauso wichtig ist wie Gelenkigkeit und Kondition.

So kann der Sport helfen, auch gelegentliche Antriebsschwäche, Mut- und Lustlosigkeit oder gar Einsamkeit schnell zu meistern. Vieles liegt in unserer Hand; Gesundheit oder Krankheit ist nicht notwendigerweise eine Schicksalsfrage. Oft ist lediglich die Passivität Ursache für den vorzeitigen Abbau. Wenn der Hang zur Bequemlichkeit den Verlust eines positiven Lebensgefühls gelegentlich ankündigt, ist Handeln dringend geboten. Leichte, selbst organisierte Bewegungen können die rettenden Schritte zur vollen Lebensqualität sein!

Neuerdings ist Max nicht mehr so motiviert, regelmäßig seinen Sport zu betreiben. Er war über sich selbst verwundert, als er jetzt seinem Freund die Einladung zu einem »Läufchen« rundweg abschlug. Danach hatte er auch kein gutes Gewissen.
Max treibt nicht nur aus gesundheitlichen Vernunftgründen Sport, er fühlt sich während und nach jeder Trainingseinheit körperlich und psychisch viel besser. Aber er hat auch einen Blick für »das Ästhetische« beim Sport entwickelt. Er weiß von anderen Über-60-Jährigen, dass ein Teil der Geschmeidigkeit der Bewegung verloren geht und der Laufstil »eckiger« wirkt. Dieser Gedanke hemmt ihn, nach Herzenslust wie früher einfach los zu laufen.
Dieser Tage erregte ein einsamer Läufer auf einer Sportwiese mit extrem unrhythmischem Laufstil seine Aufmerksamkeit. Der Mann trainierte zwar mit Fleiß und Energie, aber mit dermaßen abgehackten, störend humpelnden Schritten, dass Max ihn am liebsten darauf angesprochen hätte. So einen eigenartig verkrampften, ruckartigen Laufstil hatte Max noch nie gesehen. Sein nach Harmonie strebendes Empfinden rebellierte gewaltig. Als Max näher kam, entdeckte er die strumpflose Prothese im linken Schuh des rätselhaften Läufers. Mit großer Beschämung und noch größerem Respekt grüßte er stumm hinüber. Künftig wird Max wieder hoch motiviert und ohne falsche Hemmung zum Laufen gehen.

Nicht was wir trainieren,
sondern was wir empfinden zu trainieren,
bringt die Form.
Siegfried Schmitt

Ein Leben lang in Schwung

Obwohl Leistung das Aushängeschild des Sports zu sein scheint, fördert, sammelt und organisiert der Deutsche Sportbund (DSB) neue Spiel- und Sportformen für Ältere, die Kooperation statt Konkurrenz zum Ziel haben. In dem zweibändigen Kongressbericht »Ein Leben lang in Schwung« beschreibt Barbara Heckmann neue Sportmodelle, bei denen es um die Vertiefung und Verankerung des Partnerschaftsgedanken geht. Dabei wurden mit Spielen, die Aufgabenverteilung und Unterstützung vorsehen, Veränderung der Regeln bei bekannten Spielen zulassen und eine Steigerung der Lebensfreude und Kreativität erbringen, neue Muster entwickelt, die ihre Verbreitung in allen Sportvereinen finden sollen.

Viele fachlich fundierte Konzepte zum Sport in der zweiten Lebenshälfte wurden in den Mitgliedsorganisationen des DSB entwickelt. Es stimmt zuversichtlich zu erfahren, wie spezielle Bewegungsangebote für Frauen und Männer, sehr differenzierte Präventiv- und Therapieangebote sowie spielerische Formen zur Erhaltung der funktionellen Gesundheit und der Lebensfreude entwickelt, überprüft und diskutiert werden, bevor sie einer großräumigen Erprobung zugänglich gemacht werden. Im Hinblick auf die steigende Lebenserwartung bekommt die Fitness im Alter wegen der damit länger gewährleisteten Selbstständigkeit wachsende Bedeutung.

Dr. Pekka Puska von der WHO in Genf bestätigte in einem Interview in »sportiv Leben« mit Prof. Dr. Jürgen Palm, dass Ältere den vollen gesundheitlichen Nutzen des Sports bereits bei 30 Minuten täglicher Bewegung erreichen. Die sogenannte »30-Minuten-Formel« zielt auf Spielformen mit vergnüglichem Treiben ohne besondere Anstrengung. Auch beim Gehen, Laufen und Radfahren betont Puska »Spaß mit Maß« als Schlüsselwert zur erhöhten Lebensqualität.

Die »30-Minuten-Formel«

Ab welchem Grad der Anstrengung »wirkt« Training?

Den Wohlfühlbereich erkunden

Als sportbiologische Faustregel gilt, dass zu schwache Trainingsreize wirkungslos bleiben und ein Übertraining die möglichen positiven Effekte zerstört, also dem Körper schadet. Die durchaus erlernbare Kunst besteht darin, den mittleren Reiz zu finden, der auch die schwankende Tagesform berücksichtigen sollte. Nach einer längeren Trainingspause ist stets mit einem leichten Pensum im Wohlfühlbereich zu beginnen. Ausdauer wächst, so dass sich mit der Fortdauer der Übung die Belastungsgrenze spürbar hinaus schieben lässt. Als generelle Belastungsgrenze empfehlen die Sportmediziner eine Pulsfrequenz von 180 Schlägen pro Minute minus Lebensalter (also Puls 120 bei einem 60-Jährigen).

Ausdauer ist die beste aller Lebensversicherungen. Sie wird mit jedem Training erworben, das mehr Sauerstoff als im Alltag erfordert und den Körper zwingt, viel Atemluft aufzunehmen. Ausdauer wird also auch bei entsprechend ausgedehnten Gymnastikübungen trainiert.

Zwei- bis dreimal pro Woche

Täglich 20 bis 30 Minuten sind wirkungsvoller als einmal wöchentlich eine Stunde. Zwei Trainingseinheiten pro Woche sind sportmedizinisch empfohlen, optimal wäre dreimal pro Woche. Dieser Umfang müsste auch bei gut beschäftigten jungen Alten organisierbar sein. Am besten wirkt natürlich ein ganzjährig durchgeführtes vielfältiges Training. Eine von Freude getragene Herangehensweise verdoppelt die Trainingseffekte.

Die Frage nach dem besten Fitnesstraining findet also seine praktische Antwort, in dem wir auf angenehme Weise dem Körper möglichst viel Sauerstoff zuführen. Das geschieht durch kräftige Bewegung. Im Körper verteilt dann ein perfektes System mithilfe des Blutes den Sauerstoff in alle Zellen. An diesem Vorgang hat sich seit der Steinzeit nichts geändert. Allerdings brauchten unsere Vorfahren kein Fitnessprogramm, weil sie zur Existenzerhaltung ausreichend Bewegung leisten mussten bzw. durch Jagd oder landwirtschaftliche Arbeit körperlich gefordert waren.

In Zukunft mehr Vielfalt

Die herkömmliche Seniorensportstunde in Ehren: Mit der Aufwärmphase, einem allseits beliebten Spiel mit anschließendem Stammtisch werden alt gewohnte Bedürfnisse befriedigt, die nicht zuletzt wegen der geselligen Atmosphäre positiv zu bewerten sind. Viele der heutigen und die künftigen Senioren, deren erste Generation die jetzigen jungen Alten sind, werden allerdings mit diesem Schema nicht mehr zufriedenzustellen sein.

Seniorensport wird modernisiert

Aufgrund neuer Informationen und Erkenntnisse über die vielfältigen Gestaltungsmöglichkeiten wird der Prüfstein eben diese Vielseitigkeit im »Seniorensport« sein, wenn er dann noch so heißt. Beim Deutschen Sportbund kursiert ein Vielseitigkeitsmodell (»Model of Good Practice«), das Dieter Schmidt in Zusammenarbeit mit Älteren entwickelt hat. Danach liegt die Attraktivität von Bewegungsangeboten für ältere Menschen nicht mehr im Einthemenkonzept, sondern darin viele alternative Möglichkeiten zur sportlichen Bewegung anzubieten. Beispielsweise bietet eine Übungsstunde nach dem Vielseitigkeitsmodell Aufwärmen mit aufmunternder Musik, Koordination wie Balancier- und Reaktionsaufgaben sowie Spielformen mit Ausdaueraspekten, auch Tanz, eine kleine Rückenschule und Entspannungsübungen an.

Ein Training, das fünf Bewegungsbereiche und die Gelegenheit zu einer kurzen Reflexion umfasst, scheint über die gesundheitliche Nützlichkeit hinaus im Hinblick auf eine Kompetenzorientierung der jungen Alten das Bild der Zukunft zu sein. Ein solches Training berücksichtigt das in den letzten 40 Jahren gestiegene allgemeine Bildungsniveau und die daraus erwachsenden anderen Sportbedürfnisse. Eine ganzheitliche Bewegungsbildung ist das Ziel, die sich von der traditionellen Seniorensportstunde abhebt.

Mehr »New Generation« im Verein

Der Bremer Sportsoziologe Hans-Jürgen Schulke sieht in den heutigen Endfünfzigern und Anfangsechzigern, die er »New Generation« nennt, ein Potenzial, das nicht nur ein Selbstkonzept für die persönliche Stabilisierung der Gesundheit entwerfen und umsetzen kann. Da er viele Vertreter dieser »New Generation« als neugierig, lernwillig und sozial engagiert kennengelernt hat, ist er der Ansicht, dass aus ihnen ein neuer Typ von Übungsleitern oder Vereinsmitarbeitern mit erweitertem Engagement werden könne.

Gelegentlich stößt man schon auf Beispiele, wie der Seniorensport als kulturelle Weiterentwicklung »Von Senioren – für Senioren« organisiert werden kann: Ein Sportwart eines 800 Mitglieder zählenden Seniorensportclubs beispielsweise hat selbst erst als Rentner seine Lizenz als Sportübungsleiter erworben. Er führt mit jeweils überschaubaren Gruppen »seiner« Sportler regelmäßig Ausflüge und Reisen bis zu fünf Tagen in ausgewiesen sehenswerte Landschaften, zu historischen Stätten und zu aktuellen Ausstellungen durch. Hier wird der ursprüngliche Grund des Zusammentreffens in beispielhafter Weise ausgeweitet. Die Verknüpfung der Lebendigkeitsströme Bewegung, Reisen und Kultur in einer altershomogenen, quasi befreundeten Gruppe empfinden alle Beteiligten als starke Bereicherung dieses Lebensabschnittes.

Späte Qualifikation für erfüllende, neue Aufgaben

Schließen wir diese Anregungen mit einem Vers von Joachim Ringelnatz:

Sport stärkt Arme, Kopf und Beine,
Kürzt die öde Zeit,
Und er schützt uns durch Vereine
Vor der Einsamkeit.

Sport als Kultur

Die Erfolge eines beruflichen Lebens stellen nicht die Krone des Alters dar. Sie bilden allenfalls die Basis für ein jetzt zu erstellendes sportliches Lebenskonzept, das möglichst viele kulturelle und soziale Erwartungen gut abdeckt. Was Sport als Kultur bedeutet, formulierte

Richard von Weizsäcker so: »Wer für seinen Körper, Geist und Charakter etwas Gutes tun will, der kann sich nichts Besseres wünschen, als sich sportlich zu betätigen.«

Aus der Sicht des Übenden ist die für die eigene Bewegung freigesetzte Energie gleichzeitig ein Akt der persönlichen Entfaltung. Im reflektierten Sport des älteren Menschen liegen die noch so bescheidene Leistung, persönliches Wachstum und Reifung auf einer Linie. Verstehen wir Kultur als das Anstreben einer höheren Lebensart, öffnet der Sport mit seinen ungezählten Bewegungsformen neue Lebensräume, in die wir einzutreten eingeladen sind. In jedem Sportverein ruhen Schätze an menschlicher Begegnung, denen wir – gebend und nehmend – ans Tageslicht verhelfen können. Sport, der über die Momente des körperlichen Trainings hinaus greift, bedarf einer geistigen Verankerung: Freundschaft und Kameradschaft sowie die Zugehörigkeit zu einer Gruppe sind die häufigsten sozialen Motive. Fairplay und einen persönlichen Beitrag zum gesitteten Umgang miteinander zu leisten, hat seinen Ursprung in den ethisch-kulturellen Bezügen, die im Sport praktiziert werden.

Zum sportlichen Lebenskonzept gehört noch mehr

Trotz des Zwielichts durch Dopingfälle, Kommerz und Korruption erstrahlen die olympischen Werte und der ungebrochene Reiz der Wettkämpfe während der Olympischen Spiele alle zwei Jahre in fast jedem Haus. Wer sich neben der Bewunderung der teilweise artistischen und faszinierenden Leistungen der Athleten einmal die Mühe macht, sich mit dem Gedankengut des Baron Pierre de Coubertin (wieder) vertraut zu machen, entdeckt zu seiner großen Freude die klassische Verbindung von Sport, Pädagogik und Kultur.

Appell und Fazit

Wie eingangs versprochen: Ein Kapitel »Gesundheit« ohne Angst machende Krankheitsbeschreibungen geht hier zu Ende. Des besseren Nachdrucks wegen seien jedoch zwei Ausnahmen dieser Regel erlaubt.

- ▷ Beteiligen wir uns unbedingt an den angebotenen **Vorsorgeuntersuchungen**. Bei Frauen und Männern ist es ein Gebot der Vernunft, diese kleine Mühe einmal jährlich auf sich zu nehmen. Unverändert sterben z. B. mehr als 33.000 Menschen pro Jahr an dem tückischen Darmkrebs, der sich unbemerkt bei uns einnistet, ohne Beschwerden zu verursachen! Eine vielseitige Aufklärung, an der wir uns mit unserer Erfahrung selbst beteiligen können, tut Not.
- ▷ **Ängste und kleine psychische Störungen** werden von der älteren Generation ungern eingestanden. So kann es passieren, dass leichte Störungen des seelischen Gleichgewichtes ohne Gegenmaßnahme tabu bleiben. Weil hier die Gefahr zur Chronifizierung besteht, seien es Depressionen, Sozialphobien bis hin zur Demenz, muss unbedingt zur professionellen Abklärung durch einen Facharzt (Psychotherapeuten) geraten werden. Alarmierend ist eine aktuelle Statistik der Europäischen Union. Wenn die Zahl der Selbstmorde pro Jahr (58.000) die der tödlichen Verkehrsopfer (50.000) erstmals übertrifft, zeigt dies eindringlich, wie stark seelisches Leid und psychische Krankheiten im Ansteigen begriffen sind.

Obwohl die Medien und die große Politik den Begriff schon sehr verwaschen haben: Jede wahre **Gesundheitsreform** muss in Richtung Prävention gehen. Dazu gehört der gesundheitsbewusste mündige Bürger. Ein solides Gesundheitswissen trägt nicht nur zur allgemeinen Kostensenkung und zur persönlichen Gesunderhaltung bei, sondern begünstigt auch die Kommunikation zwischen Arzt und Patient. Denn, je mehr der Patient weiß, umso besser kann der Arzt mit ihm reden. Werden wir also zu Experten in eigener Sache, wenn es um unsere Gesundheit geht.

Alter und Bildung
gehören zusammen
wie der Atem und das Leben.

Neues Lernen

»Ich hätte es nie für möglich gehalten, dass ich innerhalb weniger Wochen so viel lernen kann«, sagt Eva, nachdem sie bei der Volkshochschule den Kurs »Kleine Reparaturen im Haushalt« erfolgreich beendet hat. Der tropfende Wasserhahn, die wackelige Steckdose, die beschädigte Tapete, alles Kleinigkeiten, die Eva jetzt quasi im Vorübergehen selbst in Ordnung bringt. »Wenn ich so viel Neues entdecken und vielfältig aktiv sein kann, bin ich zufrieden!«

Lernbedingungen im Alter

Lernen ist wie Rudern gegen den Strom.
Sobald man aufhört, treibt man zurück.
Benjamin Britten

Erwachsene lernen anders

Als Schüler, Auszubildende oder Studenten wurden uns die Lernpensen und die Lerninhalte weitgehend vorgeschrieben. Diese strengen Vorgaben waren damals nicht diskutierbar und haben in vielen jungen Leben zeitweise Konflikte mit der Einrichtung Schule hervorgerufen. Wir waren von guten Beurteilungen abhängig und fühlten uns manches Mal ohnmächtig oder gar ausgeliefert. Diese Erfahrungen haben die spontane Lernfreude beeinträchtigt. Es fielen Schatten in unsere Schul- und Ausbildungszeit, die bei Einzelnen eine negative Einstellung zum fremdbestimmten Lernen aufkommen ließen.

Mehr Spielraum für eigene Lernwünsche

Im Laufe des Lebens wurde der Spielraum für frei gewählte Themen und Lernziele immer größer. Neue Lernwünsche sind entstanden. Viele entdecken die Nützlichkeit des lebenslangen Lernens, erweitern ihre persönliche und berufliche Kompetenz durch Weiterbildung. Viele Erwachsene haben eine Selbstständigkeit für ihr Lernen entwickelt und eine positive Gewohnheit daraus werden lassen. Nach meiner Beobachtung und Erfahrung haben die Menschen, die sich ständig »freiwillig« mit neuen Lernthemen beschäftigen, nicht nur ein interessanteres, sondern auch ein leichteres Leben. Lernerfolge lösen Freude aus. Freude, die man ihnen anmerkt und bei gelegentlicher Bekräftigung von außen in pure Energie übergeht. Wiederholt sich dieser Vorgang, entstehen neue Lebensperspektiven und die Gewissheit, auf diesem Weg weitergehen zu können. Neues Selbstvertrauen wächst, Türen öffnen sich, neue bereichernde Kontakte entstehen.

Einen Höhepunkt erreicht das uneingeschränkte, selbstbestimmte Lernen mit dem Freiwerden von den Pflichten der beruflichen Arbeit. Weil wir mehr Zeit zur Verfügung haben, können wir viele Gebiete erstmals in Ruhe unter die Lupe nehmen. Neue Fragen sind aufgetaucht und bestimmen die Richtung, in der wir uns weiterbilden wollen. Als das faszinierendste Lernziel, das es geben kann, liegt jetzt die Vorbereitung und Gestaltung eines neuen Lebensabschnitts vor uns. Nur unser persönliches Interesse gibt den Ausschlag für künftige Lernthemen!

Die Freiheit, den persönlichen Interessen nachzugehen

»Hänschen und Hans«

Solange man sich nicht bewusst war, dass die Lernfähigkeit bis ins hohe Alter gegeben ist und sogar gesteigert werden kann, galt dem Lernen in der Schule logischerweise die allergrößte Aufmerksamkeit. Insofern hatte das Sprichwort »Was Hänschen nicht lernt, lernt Hans nimmermehr« bis etwa Mitte des vergangenen Jahrhunderts seine Berechtigung. Heute widersprechen viele neuere Forschungsergebnisse über das Lernen im Alter dieser Redensart. Sich verändernde Anforderungen der Arbeitswelt und die zunehmende Bedeutung der Erwachsenenbildung bald nach dem Zweiten Weltkrieg brachten es mit sich, dass ein hoher Prozentsatz der heute älteren Menschen als »Hans« mehr gelernt hat als in der Schulzeit. Qualifikationen über den zweiten Bildungsweg sind keine Seltenheit mehr.

Bei der an anderer Stelle dieses Buches (siehe Seite 156) empfohlenen Beschäftigung mit Biografien wird deutlich, wie viele der einflussreichsten Persönlichkeiten in unserem Lande Abitur und Studium nicht auf dem normalen Bildungsweg absolviert haben. Der ehemalige Bundeskanzler Schröder, prominente Minister und Führungskräfte in den unterschiedlichsten Bereichen sind bekannte und bekennende Beispiele für die erfolgreiche Entwicklung als »Hans«. Kriegsfolgen mit allgemeiner Not, unaufgeklärte Eltern und Lehrer oder einfach die Lebensumstände waren die Ursache für viele nicht ausgeschöpfte Begabungen. »Hans« hat tausendfach bewiesen, dass er nachholen kann, was »Hänschen« nicht gelernt hat. Oft ist zu beobachten, dass gerade der aus eigenem Antrieb korrigierte Bildungs-

Viele erfolgreiche zweite Bildungswege von »Hans«

gang der Persönlichkeit einen prägenden Zugewinn gebracht hat.

Wurzeln und Grundverständnis der Erwachsenenbildung in Deutschland ...

Zum lebenslangen Lernen gibt es heute keine Alternative. Lernen hält uns fit, schärft unseren Blick für die rasanten Veränderungen und macht uns zu interessanteren Gesprächspartnern. Die Institutionen der Erwachsenenbildung bieten praktische und theoretische Orientierungshilfen für Freizeit, Gesundheit, Arbeit und Muße.

Eine Legende beschreibt den Beginn der Erwachsenenbildung in Deutschland so: Fünf Schneider in einer tristen Werkstatt im frühen 19. Jahrhundert arbeiteten schneller, damit ein sechster ihnen heimlich vorlesen konnte. Arbeiterbildungsvereine und das Recht auf Bildung waren eine Errungenschaft des politischen Kampfes um 1860. Es galt immer, Benachteiligte über Bildung aufzuklären, sie chancenreicher zu machen und ihren sozialen Status zu verbessern.

Die Chancen für alle verbessern

Dieses emanzipatorische Anliegen ist im Grunde erhalten geblieben, selbst wenn mittlerweile ein Hochschulprofessor abends die Volkshochschule besucht, wo ein autodidaktisch gebildeter Spezialist seine Kenntnisse, zum Beispiel als Buchbinder, referiert. Zehn Millionen Deutsche besuchen jährlich die Kurse und Einzelveranstaltungen der Volkshochschulen. Ähnlich wie die Bildungswerke der Kirchen, der Gewerkschaften, der Unternehmen und des Sports arbeiten sie mit dem Ziel, das Bildungsniveau durch aktuelles Wissen zu heben, weil Wissen heute schneller denn je und absolut geräuschlos veraltet.

... und in der Schweiz und Österreich

Die Erwachsenenbildung ist in jedem Land an soziale, politische und kulturelle Veränderungen gekoppelt. Veränderungsbereitschaft wird durch neues Wissen geweckt und gefördert. Dazu besteht in der Regel in ländlichen Regionen weniger Interesse als in den Städ-

Eher in den Städten als auf dem Land

ten. Insofern liegt die Weiterbildungsdichte in den beiden Alpenländern niedriger als in Deutschland. Die Heimvolkshochschulen, private Institute sowie regionale Kulturhäuser und Projekte ergänzen die Weiterbildungsangebote in den Metropolen.

Die Migros-Klubschulen sind die am weitesten verbreiteten öffentlichen Weiterbildungseinrichtungen in der Schweiz. Als Dachverband für die Qualität und die zeitgemäße Weiterentwicklung der beruflichen und allgemeinen Weiterbildung in den Kantonen und Gemeinden zeichnet der Schweizerische Verband für Weiterbildung verantwortlich und ist auskunftskompetent.

Als die beste Informationsplattform für die Erwachsenenbildung in Österreich gilt die entsprechende Abteilung des Ministeriums für Bildung, Wissenschaft und Kultur. Außer den Auskünften über Fachthemen und Grundlagen wird dort ein kostenlos abonnierbarer Newsletter über Publikations- und Veranstaltungshinweise angeboten.

Der Verband österreichischer Volkshochschulen versteht sich als Koordinationsstelle für bildungspolitische und pädagogische Fragen sowie als Servicestelle für seine Mitglieder. Außer eigener Forschungsarbeit unterstützt der Verband die Vergabe von Fernsehpreisen für hervorragende Arbeiten, die die Interessen der Volkshochschulen fördern.

Mithilfe des Internets sind in beiden Ländern neue attraktive Lernwege für Erwachsene entstanden, die über Datenbanken der Bundesländer bzw. der Kantone erreichbar sind (Adressen siehe Seite 191).

Unser Körper meldet sich, wenn er Hunger und Durst hat. Um den Geist müssen wir uns selbst kümmern, wenn es ihm gut gehen soll.
Christine Brückner

Gehirn und Gedächtnis

Ist das Gehirn ausreichend trainiert?

Unser Gehirn mit seiner fast unbegrenzten Speicherfähigkeit von 100 Milliarden Zellen managt in unserem Kopf alles. Für das gute Funktionieren des Gehirns ist im Alter das Training noch wichtiger als in früheren Lebensabschnitten. Bevor wir uns den Ablauf eines Lernvorgangs theoretisch verdeutlichen, hilft uns folgende praktische Übung, indem Sie sich diesen Vers (nach Konrad Lorenz) einprägen:

Gesagt ist nicht gehört,
gehört ist nicht verstanden,
verstanden ist nicht einverstanden.
Einverstanden ist nicht behalten,
behalten ist nicht angewandt,
angewandt ist nicht beibehalten.

Prüfen Sie morgen und wieder in einer Woche, ob es Ihnen gelungen ist, diese Lernweisheit in Ihrem Langzeitgedächtnis zu verankern. Dieser Vers dient als willkommenes Übungsmaterial, aber Sie können auch Schach spielen, Rätsel lösen oder spielerische Rechenaufgaben heranziehen. Wie die Liegestütze oder die Kniebeuge als Einzelübung zur besseren Fitness beitragen, sollen solche Übungen dem flexiblen Gebrauch des Gehirns dienen. Es geht letztlich um das Erkennen kreativer Lösungen, die zur besseren Bewältigung des Lebens dienen können.

Hatten wir einen Beruf, der unsere Lernfähigkeit durch komplexe Aufgabenstellungen gefordert hat, so ist auch jetzt der oben skizzierte Lernablauf »gut geschmiert«. Wer sich eher bei den schwach trainierten Lernern einstuft, sollte überlegen, ob ein Kurs »Gedächtnistraining« neuen Lernschwung entfachen soll. Von Vorteil ist allemal, den Kursbesuch zu zweit anzugehen.

Peinlich, peinlich. Max hat seine Bank-PIN-Nummer vergessen. Der Automat erlaubt drei Versuche und verweigert danach seine Bereitschaft zum weiteren Experimentieren. Zu Hause stöbert er in seinen Unterlagen. Ohne Erfolg. Er hatte offenbar die Empfehlung der Bank befolgt, aus Sicherheitsgründen die ausgedruckte Nummer zu vernichten.
Am nächsten Tag also die Hilfe suchende Vorsprache am Bankschalter. Max ist erstaunt, dass seine PIN-Nummer nicht irgendwo gespeichert ist. Die Lösung liegt in der Vergabe einer neuen Nummer, die Max selbst festlegen darf. Er schlägt das Datum seines Hochzeitstags vor, was nach kurzer Überprüfung gewährt wird. Damit ist dieser peinliche Vorfall wohl der Einmaligkeit zuzuschreiben.
Die Mahnung jedoch, die diesem Erlebnis innewohnt, hat Max verstanden: Das Gedächtnis führt offenbar ein Eigenleben und er will sich täglich Gewissheit verschaffen, dass das Gehirn noch optimal funktioniert.

Ist Vergessen eine (Alters-)Krankheit?

Es gibt ältere Menschen, die berufen sich einfach auf ihr »schlechtes Gedächtnis«, wenn sie etwas Neues lernen sollen. Wir müssen unterscheiden, ob Lernfaulheit vorliegt oder ob das Lernen als Weg zu einem anregungsreichen, schöneren Leben noch nicht hinreichend erkannt ist. Experten sagen, »es gibt kein schlechtes Gedächtnis, sondern nur ein schlecht genutztes«. Vergessen ist etwas ganz Normales und Segensreiches. Es wäre schrecklich, wenn wir uns an alles Erlebte erinnern müssten. Ärgerlich ist das Vergessen nur, wenn wir etwas ganz genau wissen, das uns im gewünschten Moment nicht einfällt.

Drei Säulen des Gedächtnistrainings

Dagegen helfen ziemlich zuverlässig verschiedene Lerntechniken, die in Kursen zum Gedächtnistraining vielerorts angeboten werden. Fast jede Variante des Gedächtnistrainings fußt auf drei Säulen:

- ▷ Höchste Konzentration bei der **Aufnahme** von Informationen ist erforderlich und trainierbar! Was nur »nebenbei« und nur über einen Kanal (zum Beispiel nur hören) aufgenommen wird, dringt kaum in das Kurzzeitgedächtnis vor, wird also vergessen.

- Deshalb ist die **Bearbeitung** der speicherwürdigen Information durch Wiederholen, Aufschreiben, mündliche Wiedergabe (Diskutieren) oder Umarbeiten notwendig, weil dann eine Verknüpfung mit vorhandenem Wissen stattfinden kann. Sogenannte Eselsbrücken sind die bekannteste Form der Bearbeitung.
- Ein gut funktionierendes Gedächtnis bedeutet, dass die gespeicherten Informationen jederzeit wieder abgerufen werden können. Je besser eine Information abgespeichert ist, desto sicherer gelingt die **Wiedergabe.** Viele Details behalten wir über Jahrzehnte, weil wir sie mit großem Bemühen in das Langzeitgedächtnis »eingehämmert« haben.

Eine spezielle Vergesslichkeit bei Älteren scheint die liebe Not mit Namen zu sein. Auch wer sein Leben lang über ein ausgesprochen gutes Namensgedächtnis verfügte, verspürt im Alter Einbußen. Der offensive Umgang mit diesem Problem zum Beispiel durch die Frage »Wie war doch gleich der Name?« scheint die beste Lösung zu sein.

Eine ganz entscheidende Rolle spielt beim Thema Vergesslichkeit unsere Wachheit und unser Interesse. Jeder hat seine Beispiele, bei denen wir weder den Namen noch andere Details jemals vergessen, weil eine Person oder ein Thema eine hohe Bedeutung für uns haben.

Die Wachheit und ein Notizblock

Ein Notizblock beim Telefon, Kalender, Pinwand oder kleine Klebezettel helfen über die alltäglichen »Peinlichkeiten« hinweg, wobei die humorvolle Kommentierung unserer Schwäche in der Regel auf Verständnis trifft. Das Witzeln sollte aber nicht die einzige Maßnahme gegen das zunehmende Vergessen darstellen.

Nicht immer ist das Vergessen eine harmlose Schwäche. Massive Gedächtnisprobleme können eine Krankheit als Ursache haben. Fachärzte müssen entscheiden, ob bei Älteren behandelbare Ursachen vorliegen oder eine irreversible Schädigung festzustellen ist. Leider steigt mit der Erhöhung der Lebenserwartung auch die Zahl der Demenz- und Alzheimererkrankungen. In vielen größeren Städten gibt es daher deutschlandweit Einrichtungen, die auf die Diagnose und Therapie von Demenz-Krankheiten spezialisiert sind – sogenannte Gedächtnis-Sprechstunden, Gedächtnis-Ambulanzen oder auch Memory-Kliniken. Hier erhalten Betroffene und Angehörige kompetenten Rat und Hilfe (Adressen vermittelt die Hirnliga, siehe Seite 195).

Wachsende Zahl von Demenzerkrankungen

Ein Hinweis auf die große Bedeutung der Prävention ist auch an dieser Stelle angebracht: Körperliches und geistiges Fitnesstraining, aber auch bewusstes Essen und ausreichendes Trinken wirken allen Formen der Demenzerkrankungen entgegen.

Lernwege und Ziele

Wer fertig ist, dem ist nichts recht zu machen,
Ein Werdender wird immer dankbar sein.
Johann Wolfgang von Goethe

Was lernen?

Alle Lernbemühungen zielen auf die bessere Bewältigung oder angenehmere Gestaltung unseres Lebens. Es kann keinen vollständigen Lehrplan für junge Alte geben. Auch wenn es ungezählte Angebote von Akademien, Volkshochschulen und Seniorenuniversitäten mit anspruchsvollen, altersgerechten Lernthemen gibt, das Entscheidende ist unser persönliches Interesse! Weil mit dieser grundsätzlichen Feststellung auch eine »quälende Freiheit« verbunden sein kann, seien einige Orientierungspunkte aufgeführt.

Die Qual der Wahl

Über 60 Jahre nach Ende des Zweiten Weltkrieges befindet sich unser Land in einem nicht umkehrbaren Prozess der Europäisierung und Globalisierung. Das politisch vereinigte Europa mit derzeit 25 Nationen verspricht eine bessere, vor allem friedliche Zukunft. Gleichzeitig entstehen daraus eine Reihe neuer Lernerfordernisse kultureller und sprachlicher Natur. Beginnen wir also vielleicht damit, unsere meist besuchten Urlaubsländer etwas genauer kennenzulernen. Einige Kenntnisse über Geschichte, Kultur und Wirtschaft lassen uns die gesellschaftlichen Strukturen eines anderen Staates besser erkennen. Kontakte mit Menschen aus verschiedenen Schichten ergänzen das Bild. Mit dem Vergleichen fremder Ansichten und Meinungen kann ein Lernprozess beginnen, der die eigene Position im Hinblick auf die europäische Staatengemeinschaft erhellen kann und – wenn man sie sucht – neue Argumente für die kommenden (Einwanderungs-)Debatten erschließt.

Die neuen Medien

Ein zweiter neuer »Lernstrang« besteht durch die moderne Datenverarbeitung und Informationsübermittlung im Internet. Unterschiedlich sind die Vorkenntnisse, die wir in der Berufswelt darüber erworben haben. Ein Grundstock an Wissen erleichtert die in die Zukunft gerichtete technologische Weiterbildung für den Hausgebrauch. Wer diesem Sektor völlig fernbleiben will, verschließt sich vor vielen Möglichkeiten der modernen schnelleren Kommunikation und Information. Ob dazu, wie bei der jungen Generation und in der Berufswelt, unbedingt ein Handy gehören muss und ob gelegentliche Unerreichbarkeit ein Vor- oder Nachteil ist, ist eine individuelle Entscheidung.

Der PC hat nicht nur die Schreibmaschine abgelöst, sondern bereits seit den 80er-Jahren die gesamte Datenverarbeitung (Ablage, Briefverkehr, Buchführung usw.) revolutioniert. Wer sich als Neuling in diesen Bereich einarbeiten will, sollte von Anfang an auch Zugang zu einem Computer haben. Der Besuch eines Einführungskurses zahlt sich nur aus, wenn man Zug um Zug das Gelernte üben kann.

Die Schlüsselfrage, ob und wie weit wir Ältere uns mit den neuen Technologien engagieren sollen, ist mit der Entscheidung für oder gegen das Internet verknüpft.

Schon online?

Die Internetbeteiligung der 55- bis 64-Jährigen lag vor kurzem bei 36 Prozent, von den über 64 Jahre alten und nicht mehr berufstätigen Menschen »surfen« nur 11 Prozent, wovon dreimal so viel Männer als Frauen den Zugang nutzen.

Nur 12 Prozent der Über-55-Jährigen verbringen mehr als 5 Stunden pro Woche im Internet. Wenngleich die Internetnutzung bei allen Altersstufen ansteigt, bewegt sich die Zahl der teilnehmenden Älteren am langsamsten, so das Statistische Bundesamt.

Mit Hilfe der Kids weltweit kommunizieren

Wenn die körperliche Mobilität abnimmt, steigt die Bedeutung des Internets als Kommunikations- und Bildungsplattform. Es lohnt sich, mit der ganzen Welt (world wide web) über Milliarden Webseiten aktiv in Kontakt treten zu können. Man muss ja nicht sofort bei Online-Banking oder Auktionen im Internet einsteigen. Die kurze E-Mail an den entfernt wohnenden Enkel ist das adäquate Medium, bei ihm »gut anzukommen«. Dabei sollte es uns nicht stören, dass die heutigen Kids besser im Internet bewandert sind als wir, ihre Großeltern. Geben wir ihnen ruhig die Chance, uns zu belehren.

Verblüffende Leistung der Suchdienste

Verblüffend sind die Leistungen des Mediums Internet bei der Informationsbeschaffung mithilfe von Suchmaschinen. Gebe ich etwa das Suchwort »Junge Alte« ein, erscheint innerhalb von Sekunden der Hinweis, dass für mein Suchwort 791.000 (!) Seiten Informationen auf Deutsch vorliegen. Gleichzeitig erhalte ich Hinweise auf über zehn Einrichtungen, die »Junge Alte« im Titel führen, Grundinformationen, darunter Anschriften von Diskussions- und Arbeitskreisen, Aufsätze, Uni-Protokolle und Veranstaltungshinweise. Wähle ich meinen Suchbegriff nicht präzise, erhalte ich teilweise unwichtige und an meinem Interesse vorbeigehende Informationen. Je spezieller ich meine Anfrage, zum Beispiel »Nürnberg Altenheime«, »Hamburg Hafen« oder »Ulm Münster« eingebe, umso gezielter erscheinen die gewünschten Auskünfte auf meinem Bildschirm.

Die Webseiten sind mehr oder weniger professionell aufbereitet, aber immer informativ. Die junge Generation, durch tägliches »Surfen« erfahrene Internetnutzer, verzichten bereits auf die Anschaffung von Lexika, Landkarten und Stadtplänen, weil es ihnen näher liegt, diesbezügliche Informationen aus dem Internet abzufragen. Meistens sind diese Auskünfte aktueller als die aus einem Buch, welches ja vielleicht schon einige Jahre im Regal steht. Durch sogenannte Links (angebotene Verzweigungen) sind Weiter- und Querverbindungen zu angrenzenden Wissensgebieten per Mausklick möglich.

Hilfreiche Einführungskurse für Internet-Neulinge gibt es in fast jeder Stadt. Bei Volkshochschulen oder Senioreneinrichtungen findet man spezielle Kurse für Ältere, die Überforderungen zu vermeiden suchen und immer »ganz von vorne« beginnen.

In den Zentren von größeren Orten findet man immer häufiger »Internet-Cafés«. Dort stehen Computer zur Verfügung, mit deren Hilfe wir nicht an das eigene Gerät zu Hause gebunden sind, sondern auch von unterwegs, in des Wortes wahrstem Sinne »weltweit« kommunizieren können.

Mutprobe: Besuch im Internet-Café

Die tägliche Zeitung

Trotz der zunehmenden Bedeutung elektronischer Medien sollten wir die gute alte Zeitung nicht vergessen. Das Schmökern in der Tageszeitung ist eine angenehme, spielerische Form des Lernens am Frühstückstisch. Unser Blatt, für das wir uns nach dem Ausscheiden aus dem Beruf mehr Zeit lassen dürfen, informiert, reißt an und kommentiert. Zeitung lesen ergänzt Fernsehen und Internet. Selbst die da und dort angedachte elektronische Tageszeitung wird die Zeitung in Papierform nicht überflüssig machen, weil man in der Zeitung besser lesen und leichter auswählen kann als am Bildschirm: Politik, Kultur, Sport, Anzeigen, ein Fortsetzungsroman und einmal wöchentlich ein Magazin.

Zum Frühstück die Morgenzeitung

Meine Zeitungslektüre beginnt oder endet stets im Lokalteil. Gerade als Rentner sind mir die Neuigkeiten aus meiner Stadt, zu der ich viele Bezüge habe, wichtig, weil »die nicht abreißen sollen«. Oft schneide ich eine Meldung sofort aus und schicke sie meinem Freund, der weggezogen ist. Täglich überfliege ich den Veranstaltungskalender und lasse mich auch mal spontan zu einem Besuch anregen.

Bücher sind fliegende Teppiche
ins Reich der Fantasie.
James Daniel

Lesen bildet

Lesen dient der Bildung sowie der Unterhaltung und Information. Ein Regal oder ein Schrank voller Bücher schmückt das Wohnzimmer jedes Haushaltes. Für uns Ältere ist der Umgang mit Büchern ein Training, das den Spaß vor dem Nutzen sieht. Hinter jedem Buchrü-

Gehirntraining mit Spaß und Nutzen

cken lädt uns ein Autor zu einem kreativen Zusammenspiel ein. Er liefert lange Reihen von Buchstaben, die in unserem Kopf zu Bildern verarbeitet werden. Unser Gehirn funktioniert nach Textvorgaben wie ein Kleinsttheater.

Lesen erweitert den Horizont und kann uns Älteren helfen, unser Leben und unsere Zeit besser zu verstehen. Womit anfangen, ist eigentlich nur individuell zu beantworten. Zu unterschiedlich sind Neigungen, Vorkenntnisse und Geschmack. Um die Leser im Hinblick auf lehrreiche Literatur nicht ganz ratlos stehen zu lassen, nenne ich je ein in die von uns erlebte Vergangenheit weisendes und ein in die Zukunft gerichtetes Werk:

Vergangenheit und Zukunft im nahen Zugriff

Der Nobelpreisträger Günter Grass verpackte in »Mein Jahrhundert« Bekanntes und Rätselhaftes in einhundert kurzen Aufsätzen, die immer wieder zum kurzweiligen, historischen Erinnern herausfordern. Er deckt auf und macht betroffen, denn es war auch unser Jahrhundert!

Weil es bei ihm um die Gestaltung der Zukunft geht, empfehle ich das Buch »Wir werden es erleben« von Horst W. Opaschowski, dem bekannten Zukunftsforscher. Seine zehn gut lesbaren Zukunftstrends sowie die zehn Gebote für das 21. Jahrhundert sind durch Umfragen und Trendanalysen wissenschaftlich untermauert und eröffnen neue Perspektiven für ein sinnvolles Zusammenleben aller Generationen.

Ein neues Buch – eine neue Welt

Das Kennenlernen eines neuen Buches ist stets eine spannende Angelegenheit. Können wir auf der vom Schreiber angebotenen Wellenlänge/Frequenz empfangen? Wie viel Anstrengung darf es kosten, um die gewünschten Informationen zu erhalten oder mir den Lesegenuss zu erschließen? Bei Sachbüchern gibt es zum gleichen Thema häufig ein weiteres Buch. Es ist keine schlechte Angewohnheit, (bei eigenen Büchern) Textstellen durch Markieren hervorzuheben oder beschriftete Zettel zwischen die uns wichtigen Seiten zu legen. Bei Lernabsicht oder dem Wunsch, die Stelle wieder zu finden, sind selbst gefertigte Merkzettel oder schriftliche Auszüge des Wesentlichen genau das Richtige. Beim Gespräch über das Gelesene mit dem Partner oder Freund können wir feststellen, wie gut wir die Inhalte gelernt bzw. behalten haben.

Max lässt sich bei der Lektüre historischer Berichte, Beschreibungen und Romanen gerne mitreißen. Teilweise führen ihn diese Geschichten in völlig unbekannte Zeiten und Räume. Er liebt es auch, zu Bekanntem faszinierende Details und erregende Hintergründe zu entdecken. Besonders die Epoche des Mittelalters mit den jahrhundertelangen Kämpfen von Kaisern und Päpsten bietet Max viel Anregungsstoff für seine Fantasie und seine Vorstellungen der damaligen Welt.
Dass man Geschichte auch anders sehen kann und realistisch hinterfragen muss, wird Max schlagartig deutlich, als er die »Fragen eines lesenden Arbeiters« von Bertolt Brecht vor die Augen bekommt. Er muss Eva sofort daraus vorlesen, die ihre Handarbeit dafür unterbricht. »Hast du Geschichte schon einmal so betrachtet? ... Rom ist voll von Triumphbögen. Wer waren die Maurer? Der junge Alexander eroberte Indien. Er allein? Cäsar schlug die Gallier. Hatte er nicht wenigstens einen Koch dabei? Jede Seite ein Sieg. Alle zehn Jahre ein großer Mann. Wer bezahlte die Spesen?«
Nachdem sich Eva von der Überrumplung erholt hat, führen die beiden ein gewinnbringendes Gespräch über Literatur.

Je weniger wir brauchen,
desto reicher sind wir.

Fernsehen: Weniger ist mehr

Die tägliche Fernsehdauer der Deutschen liegt bei durchschnittlich drei Stunden. Nichtberufstätige und Ältere verbringen einen noch erheblich größeren Anteil ihrer Zeit vor dem Bildschirm. Für ältere Menschen mit weniger Mobilität ersetzt das Fernsehen zunehmend die wirkliche Wahrnehmungswelt. Da uns an dieser Stelle die Lerntauglichkeit des Mediums interessiert, hier ein paar positive und negative Aspekte des Fernsehkonsums, die unseren Blick dafür schärfen können, ob nicht weniger vielleicht mehr ist.

Bei der aktuellen Nachrichtenübermittlung ist das Fernsehen aufgrund der Bildberichte und der weltweiten Korrespondentennetze eine solide Quelle. Hochwertige Kultursendungen und Berichte aus dem Reich der Natur haben pauschal einen gehobenen Bildungswert. Über die breite Palette der Unterhaltungssendungen entscheidet der persönliche Geschmack. Zu empfehlen ist aber der Gebrauch einer Programmübersicht. Bei extra ausgesuchten Bildungs- oder Informationssendungen sind Notizblock oder Videoaufzeichnung ratsam, wenn wir die Inhalte als Lernstoff in engerem Sinne nutzen wollen.

Hochwertige Natur- und Kultursendungen ...

Eine Gefahr stellt die Dauerberieselung dar. Mehrstündiges Fernsehen stumpft ab und richtet sich aufgrund der stundenlangen Bewegungslosigkeit gegen das gesunde Leben. Der Neurowissenschaftler Manfred Spitzer belegt in seinem Buch »Vorsicht Bildschirm« die krankmachenden Auswirkungen des stundenlangen Fernsehkonsums. Er weist nach, wie negativ Dauerfernsehen auf die Arbeitsweise unseres Gehirns einwirkt. Angesichts der Folgen, besonders bei Kindern, hält er staatliche Eingriffe zur Regulierung des Fernsehkonsums für erwägenswert.

Wer sich gegen die Abstumpfung sensibler machen möchte, kann sich ja angewöhnen, bei jeder Werbe-Einspielung für irgendwelche Artikel, die wir nie benötigen, einmal kurz das Zimmer zu verlassen.

... und quälende Langeweile

Die Fernbedienung erlaubt uns, zwischen mehreren ausgesprochen langweiligen Sendungen, immer auf Besserung hoffend, hin und her zu springen, ohne den befreienden Aus-Knopf zu finden. Der durchschnittliche Fernseher in Deutschland sitzt heute zehnmal länger vor dem Gerät als er sich an der frischen Luft bewegt. Auch das Verhältnis von täglich 180 Minuten fernsehen gegenüber 12 Minuten lesen ist bedenkenswert.

Lernen ist wachsen.
Niemand kennt die Grenze.
Du bist die Aufgabe.

Lernen außer Haus

Mit freundlichem Nachdruck erfolgt an dieser Stelle mein Plädoyer für das Lernen außer Haus. Es ist zu allen Zeiten guter Brauch, sich nicht ausschließlich »im stillen Kämmerlein«, sondern auch »im Strom der Zeit« weiterzubilden. Es entspannt den Kopf, steigert die Vorfreude und dient der gesund erhaltenden Beweglichkeit, regelmäßig die eigenen vier Wände zu verlassen und sich – wenn möglich – ein Stück zu Fuß oder per Rad fortzubewegen.

Man nutze die Vielfalt der Lernorte

Bei den infrage kommenden Lernorten nenne ich Feld und Wald an erster Stelle, weil eine ganzheitliche Bildung auch die Sinne mit einbeziehen soll. Bewegung in der Natur erfrischt unsere Gedanken und wirft ganz persönliche Fragen und Lernthemen auf, denen wir im Bewusstsein einer neuen Lebensphase individuell nachgehen dürfen.

Setzen wir einmal voraus, dass jeder über »seine« Bildungs- und Kulturszene vor Ort einen Überblick hat – Theater, Museen, Galerien, Archive, Heimat- und Kunstvereine – sowie über die Angebote der Kirchen und gegebenenfalls der Kommune Bescheid weiß. Flyer, Programmhefte und Pressenotizen geben darüber Auskunft, was aktuell angeboten wird.

Die Volkshochschule: traditionsreiches und modernes Zentrum

Verweilen möchte ich bei einem universalen Lernort, der von Kiel bis Zürich oder Wien bei Erwachsenen aller Altersstufen ein positives Image besitzt: Die Volkshochschule, weithin bekannt als die VHS. Diese traditionelle Einrichtung (in Deutschland seit 1918) beweist immer wieder ihre zeitgerechte Wandlung zugunsten ihrer Besucher. Die Unterrichtsmethode wird nicht mehr vom Lernstoff alleine vorgegeben, sondern teilnehmerorientiert gestaltet. Die Besucher mutierten insofern vom »Hörer« zum »Teilnehmer«, was mehr Aktivität, Mitgestaltung und Mitsprache impliziert. Fünftägige Bildungsurlaubsangebote sowie Wochenendveranstaltungen entwickeln häufig eine Dynamik, die über die Themen und die gemeinsame Lernzeit hinaus wirkt und so das Selbstvertrauen der Lernenden stärkt.

Über die erstaunliche Vielfalt in den Programmen sollte sich jeder selbst ein Bild machen, um zu wissen, »was man heute so lernt«. Die Programme sind häufig kostenlos erhältlich. Die meisten Volkshochschulen berücksichtigen die besonderen Lernbedürfnisse der Älteren. Die Teilnahme an Kursen der Volkshochschulen kann sowohl erbaulichen Themen (Kunstgeschichte, Literatur, romanische Sprachen sind bevorzugt) als auch als Vorbereitung auf ein Ehrenamt oder neu zu entdeckende Aktivitäten dienen. Kulturelle Lernorte bieten darüber hinaus eine solide Plattform für neue Kontakte.

Beispiel: Aus Liebe zu Frankreich

Die Gestaltung des Lebens im Alter baut in der Regel auf Vorlieben und Stärken der früheren Lebensphasen auf. Hier ein Beispiel mit ganz praktischen Ergebnissen, wie man sie sich an vielen Orten vorstellen kann.

Völkerverbindendes Engagement

Seit Jahrzehnten pflegt das Ehepaar D. eine Liebe zu Frankreich, die sich in jährlichen Urlauben gefestigt hat. Seit beide pensioniert sind, haben sie die Zeit, sich durch den Besuch von Sprachkursen viel besser auf diese Reisen vorzubereiten, die jetzt nicht nur auf drei Wochen beschränkt sind. Filme, Literatur, Chansons und Zeitungen bringen sie immer tiefer mit dem Leben und der Kultur des geliebten Nachbarlandes in Beziehung. Durch einen Kontakt mit dem Bürgermeister eines Ortes an der Atlantikküste wurde jetzt das Interesse an der Deutsch-Französischen Kulturorganisation »associtiation culturelle franco-allemande« geweckt, die den Austausch von Besuchsgruppen in beide Richtungen in Gang setzte. Neue Freundschaften sind entstanden; ein regelmäßiger Jugendaustausch ist in Vorbereitung. Neben den Schulen hat der Sportverein Interesse nach mehr Kontakten und organisiert einen Besuch. Zusätzliche Französisch-Kurse an der Volkshochschule mussten eingerichtet werden; an der Oberstufe der Gesamtschule entstand eine »Französisch-AG«, die ein französisches Theaterstück in der Landessprache aufführen will. In der Senioren-Tagesstätte leitet Frau D. einen offenen Kurs »Französisch kochen und sprechen«.

Der Bürgermeister hat Frau D. jetzt für ihr völkerverbindendes Engagement mit einer Ehrenplakette ausgezeichnet.

Als politisch interessierter Mensch besucht Max ab und zu Vortragsveranstaltungen mit anschließender Diskussion. Neuerdings stellt er dort einen Wandel im sprachlichen Umgang fest, der die Veränderungen der Zeit deutlich widerspiegelt. Anglizismen, technische Abkürzungen und Internetbegriffe bestimmen den Sprachgebrauch der Jüngeren derart, dass Max manches nicht versteht und sich ausgegrenzt fühlt. Bei einem Vortrag über moderne Wirtschaftsunternehmen im internationalen Vergleich kann Max die Begriffe »Work-Life-Balance«, »Kuschelfaktor«, »Cappuccino-Index« und »Generation Web 2.0« nicht verstehen. In der Diskussion will er fast resignieren als Fremdwörter wie »benchmarking, »briefing«, »booten«, »gesettled«, »gecancelt« nur so hin und her fliegen. Rechtzeitig fiel ihm dann eine Alternative zu Altersresignation und Neid auf die Jungen ein. Er erinnerte sich, dass leichte Unsicherheiten in seinem Leben ihn immer zum Lernen herausgefordert haben. Nun gewöhnt er sich an, im kleinen Kreis direkt nach dem Wortsinn zu fragen. Daneben beginnt er durch gezieltes Schnuppern im Wirtschaftslexikon und in Fachzeitschriften seinen Wortschatz zu erweitern.

Studium im Alter

Spätes Studium als neuer Lebenssinn?

Einige Angehörige der Nachkriegsgeneration können sich Studienwünsche erst jetzt nach dem Berufsleben erfüllen. Neben einem Nachholbedarf bei der älteren Generation – besonders bei den Frauen – sind auch neue Lernwünsche entstanden, die zunehmend als Studium nach der Berufsphase realisiert werden. Hochschulen und Universitäten haben sich in den letzten 30 Jahren schrittweise auf diese neue Aufgabe eingerichtet. Derzeit studieren 25.000 Ältere allein an deutschen Hochschulen, Tendenz steigend. Man kann heute verschiedene Formen des Studiums unterscheiden:

Voll- oder Teilzeitstudium bzw. Gasthörer?

▷ Den Älteren stehen fast alle Studiengänge wie den Normalstudierenden – außer in den Numerus-Clausus-Fächern – offen. Zugangsvoraussetzungen, Inhalte und Abschlüsse orientieren sich an den anderen Studenten. Studierende der älteren und der jüngeren Generation äußern sich positiv über die Kontakte und den Austausch, gerade weil die Lebenserfahrungen und die Motive zum Studium sehr weit auseinanderliegen und dadurch (konkurrenzfrei) befruchten können. Die Zahl der Studenten reiferen Alters ist mit der Zunahme der Frühverrentungen stark gestiegen. Das Bild der Weißhaarigen in den Hörsälen ist Normalität. Die Teilnahme für einzelne Semester ist auch als Gasthörer (ohne Zulassungshürde) möglich.

Senioren-universitäten und -akademien

▷ Derzeit 35 Hochschulen in der Bundesrepublik Deutschland haben spezielle Programme für Senioren entwickelt. Diese Studiengänge erfordern keine Zugangsvoraussetzung und zielen auch nicht auf Abschlüsse oder formale Qualifikationen. Sie dienen der akademisch ausgelegten Weiterbildung im Hinblick auf Bewältigung der neuen Lebensphase, zur Erweiterung der Alterskompetenz und der Vorbereitung auf neue Rollen, die Ältere in Zukunft in der Gesellschaft spielen möchten oder zu übernehmen beabsichtigen.

Die Zahl der klassischen Vorlesungen verringert sich bei diesem auf ältere Studierende zugeschnittenen

Programm zugunsten der Seminar- und Gruppenarbeit. Die Inhalte entsprechen weitgehend den Interessen der Besucher: Gesundheit, Politik und Gesellschaft, Biografiearbeit, Pflege- und Gemeinwesenarbeit sowie die altersbezogenen Themen. (Diese Einzelheiten sind dem Veranstaltungsplan der Universität des dritten Lebensalters an der Johann-Wolfgang-Goethe-Universität Frankfurt am Main entnommen, siehe dazu Seite 192.)

Die Fern-Universität Hagen

▷ Wer sich Studienwünsche erfüllen möchte, ohne in der Nähe einer entsprechenden Hochschule zu wohnen, sei auf die Fernuniversität Hagen hingewiesen. Dort ist zwar der Fächerkanon für die Hauptstudiengänge recht klein. Dafür besteht aber die Möglichkeit, Einzelkurse für spezielle Fächer zu buchen. Persönliche Beratung ist zweckmäßig (Adresse siehe Seite 192).

Forschendes Lernen

▷ Neue Aufgaben der allgemeinen wissenschaftsorientierten Weiterbildung für ältere Menschen ergeben sich im Bereich der Forschung. Ältere können sich sowohl authentisch als Experten für das Alter und bestimmte Lebens- und Berufsbereiche als auch als Forscher der eigenen und gesellschaftlichen Lebenspraxis einbringen. Dieser Zweig des »Forschenden Lernens« zum Beispiel an den Senioren-Universitäten Ulm, Lyon, Helsinki und Vicenza zeigt, wie gut sich Ältere in Forscherteams engagieren und bewähren. Diese Arbeiten beweisen laut der Projektleiterin Helena Allahwerdi aus Helsinki, dass nicht das Altern die Ursache für die Verarmung des Denkens und der Kreativität ist, sondern die mangelnde Wahrnehmung anregender Angebote. »Ältere fühlen sich durch die Teilnahme an solchen Programmen zur Gestaltung ihres eigenen Lebens als aktives Mitglied der Gesellschaft ermutigt.«

An allen Hochschulen und Universitäten gibt es Beratungs- und Servicestellen, bei denen die Informationen über Kosten und Dauer, aber auch über die Anwendbarkeit der erworbenen Kenntnisse erfragt werden können.

Leben im Alter muss vorbereitet sein, bevor man alt ist.
Werner Sonntag

Lernziel »Lohnendes Leben«

Obwohl die meisten von uns Älteren mehr als die Hälfte der Strecke zurückgelegt haben, ist es nicht einfach zu sagen, was ein »lohnendes Leben« ausmacht. Mehr Freiheit, mehr Friede, eine gute Partnerschaft, ein Netz von Freunden, Liebe zu geben und zu erhalten sind alles Werte, die nicht von uns alleine bestimmt werden. Unter dem Blickwinkel des gestaltenden Lernens kann ein »lohnendes Leben« am ehesten durch das beschrieben werden, was zufrieden macht. Man kann die Ursachen der Unzufriedenheit in seinem Leben herausfinden und Gegenmaßnahmen ergreifen. Viele kleine Probleme, die uns daran hindern, voll zufrieden zu sein, sind es – genau besehen – nicht wert und sollten vernachlässigt werden. Sich verstärkt dem mehr versprechenden Neuen zuzuwenden, ist die bessere Lebensregel und ein Lernprozess. Die Palette möglicher Lernziele ist so bunt wie das Leben selbst.

Was macht uns unzufrieden?

Hilfreich erscheint mir da Christian Graf von Krockow. Er hat in seinem Wegweiser für junge und alte Leute einen »Lohn« für Bildungsarbeit gleich im Titel ankündigt. »Vom lohnenden Leben« heißt sein gut lesbares Buch, das mit den Kapiteln von der Neugier, von der Klugheit, der Höflichkeit, der Zärtlichkeit und der Versöhnung sehr anschauliche Lektionen aufblättert. Die Beschreibung der Beispiele von gelungenen Leben ist angenehm verknüpft mit Literaturauszügen und Betrachtungen über politische Veränderungen in der Geschichte der Bundesrepublik. Auf Seite 50 erteilt von Krockow einen Rat mit impulsgebender Wirkung für die Älteren nach der Berufsphase: »Suche dir Aufgaben, die dich zu einer Leistung herausfordern!« Von Krockow macht deutlich, dass aus Langeweile resultierende Unzufriedenheit am sichersten von der Lust, etwas zu leisten, vertrieben werden kann.

»Suche dir Aufgaben ...«

Das »lohnende Leben« ist eine gesunde Mischung von Anstrengung und Spiel sowie vielen befriedigenden Gesprächen mit Menschen, die wir schätzen und mögen. Das Steuerrad dazu gut bedienen zu können, ist die spannendste und schönste Lernaufgabe, die das Alter stellt.

Einführung in die Lebenskunst

Wilhelm Schmid stellt mit seinem Bändchen »Schönes Leben? Einführung in die Lebenskunst« zeitgerechte und nachdenkenswerte Aspekte zum Thema vor.

Andererseits haben Experten festgestellt, dass Langeweile insofern »lebensverlängernd« wirkt, in dem sich in unserem Bewusstsein die als Langweile empfundene Zeit dehnt. Diese Art von Lebensverlängerung scheint allerdings weder lohnend noch als Lernziel für junge Alte geeignet, weil dabei der Anspruch an das Leben mit seinen Inhalten und Werten nicht mehr sichtbar ist.

Drei Kriterien sollten meines Erachtens erfüllt sein, um mit gutem Gewissen von einem »lohnenden Leben« sprechen zu können. Wir sollten so leben, dass

- ▷ niemand uns als nutzlose Esser bezeichnen kann,
- ▷ unser Selbstwertgefühl immer spürbar bleibt und
- ▷ wir täglich das Gefühl der Dankbarkeit und Freude empfinden.

Man sollte sich nicht schlafen legen,
ohne sagen zu können,
dass man an dem Tage etwas gelernt habe.
Georg Christoph Lichtenberg

Lerntipps

Die folgende kleine Sammlung von Tipps für das Lernen im Alter ist weniger der Wissenschaft abgelauscht, sondern Ergebnis eines lernorientierten Lebensstils.

- ▷ Vergessen wir das verschulte Lernen. Erwachsene lernen langsamer, aber gezielter nach eigenen Interessen.
- ▷ Jeder Lernschritt sollte ein Erfolgserlebnis auslösen; also möglichst vom Leichten zum Schweren vorgehen. Erfolgserlebnisse erneuern und stärken die Motivation zum Weiterlernen.

- ▷ Wer seine Energie durch Stress, Ärger oder »gepflegte« Unlustgefühle verringert, verhindert optimale Ergebnisse.
- ▷ Gedanken an frühere Misserfolge sind Energievergeudung.
- ▷ Wer sich angewöhnt, im Rahmen einer Tagesbilanz seine begangenen Fehler zu erkennen und zur Lernsache mit dem Ziel der künftigen Vermeidung zu machen, handelt sehr klug.
- ▷ Wichtiger als das Wissen über die Gehirnfunktionen ist die Klärung eigener Interessen und eine ungefesselte Neugier.
- ▷ Konzentration und Ruhe optimieren das Lernen.
- ▷ Jeder muss die beste Tageszeit für sein geistiges Arbeiten herausfinden. Die Zeit nach einer vollen Mahlzeit sollte der Ruhe dienen.
- ▷ Geistige Frische und positive Bilder werden durch die Kunst des Pausen-Machens gefördert.
- ▷ Auch beim Lernen gilt das Gesetz der sich selbst erfüllenden Prophezeiung; Schwung und Zuversicht sind die Kraftquellen.
- ▷ Wer sich immer für kleine Erfolge selbst belohnt, unterstützt das Lernvorhaben.
- ▷ Ungezählte Lerntricks und -techniken sowie entsprechende Übungen finden wir in der Literatur unter dem Schlagwort »Gedächtnistraining«.

Es ist leicht, das Gute zu erkennen,
aber schwer, es in Taten zu verwandeln.
Konfuzius

Das Selbst entfalten

Eva gehört zu den Menschen, die ihrer eigenen Jugend nie nachtrauern. Es entspricht ihrem Lebensstil, sich mit jungen Menschen zu umgeben. Sie hat die Gabe, das Leben, wie sie es sich wünscht, dort aufzusuchen, wo es stattfindet. Mit der aus ihrer Ruhe entstehenden, natürlichen Autorität unterrichtet sie Nähen, vornehmlich in Anfängerkursen. Im Jugendclub der Caritas ist ihr durch diese Tätigkeit ein Image zugewachsen, so dass jetzt auch die Leiterin der Gesamtschule angefragt hat, ob sie zeitweise für den Nähunterricht an der Schule zur Verfügung stehen würde.
Diese Arbeit ist für Eva eine unendliche Bereicherung. Sie kann geben und nehmen. In einer Mädchenklasse spürt sie, wie die Klasse sie regelrecht braucht. Über das praktische Tun hinaus erzählt Eva über das Leben in ihrer Jugendzeit und ist von dem Interesse der Schülerinnen überrascht. Manchmal geht sie mit dem Eindruck nach Hause, heute hätten die Alten noch bessere Perspektiven als viele Jugendliche ...

Ehrenamt und Freiwilligenarbeit

Heute lebe ich nach der Maxime, dass die Langeweile der Feind eines gesunden Alterns ist.
Jutta Limbach

Vom gesellschaftlichen Wert ehrenamtlicher Arbeit

Ehrenamtliche Mitarbeit erlaubt direkte Beteiligung

Nur durch ehrenamtliches Engagement bzw. Freiwilligenarbeit (der modernere Begriff) ist es möglich, dass die vielfältigen Aufgabenstellungen der Wohlfahrts- und Jugendverbände, der sportlichen, kirchlichen, kulturellen und politischen Organisationen erfüllt werden. Nur so ist die hohe Qualität der Leistungen zur Daseinsfürsorge in unserem Land zu gewährleisten. Weit über 300 Organisationen mobilisieren in Deutschland derzeit rund 22 Millionen Bürger für nicht bezahlte Arbeit. Der volkswirtschaftliche Wert geht in die Milliarden, d. h., ehrenamtliche Arbeit ist unbezahlbar. Die demokratische selbstbestimmte Teilhabe der ehrenamtlich Tätigen ist eine tragende Säule unseres Staates.

Eine ideelle Grundeinstellung, die an den bürgerlichen Wohlfahrtsgedanken des 19. Jahrhunderts anknüpft, existiert entgegen aller Unkenrufe immer noch. Ältere Menschen beteiligen sich stark am ehrenamtlichen Tun. Sie verkörpern eine Sozialmoral, die unserem Staat nutzt. Sie übernehmen Verantwortung nach ihrer freien Entscheidung, meist innerhalb ihrer Kommune. Sie begründen und erhalten die lebendigen Gemeinschaften durch ihre direkte Beteiligung. Die Motivation hat unterschiedliche individuelle Wurzeln. Jeder dritte Über-65-Jährige ist ehrenamtlich tätig. Das zeitliche Engagement der Einzelnen schwankt zwischen fünf Stunden am Tag und fünf Stunden im Monat.

Jüngere und Ältere arbeiten im Ehrenamt oft Hand in Hand und können sich gegenseitig unterstützen. Das gemeinsame Tun ist eine von vielen Möglichkeiten, einen »Krieg der Generationen« erst gar nicht zum Thema werden zu lassen, was einen wichtigen und positiven Nebeneffekt des Ehrenamtes darstellt.

Mehr staatliche Anerkennung darf erwartet werden

Nach Auskunft einiger Landesregierungen ist das Potenzial für ehrenamtliche Tätigkeit erst zur Hälfte ausgereizt. Im Vorgriff auf weitere Formen der staatlichen Anerkennung gibt es in einigen Regionen bereits die »Ehrenamts-Card« für Personen, die mehr als fünf Wochenstunden freiwillig im Einsatz sind. Die Karte berechtigt zum kostenfreien oder begünstigten Besuch von Museen, kulturellen Veranstaltungen und Freizeiteinrichtungen.

Soll dich das Alter nicht verneinen,
So musst du's gut mit andern meinen,
Musst viele fördern, manchem nützen,
Das wird dich vor Vernichtung schützen.
Johann Wolfgang von Goethe

Frischer Wind durch junge Alte

Ehrenamtlich werden Aufgaben anders wahrgenommen, als es hauptberuflich geschieht. Wer sich unbezahlt engagiert, gewinnt mehr oder minder schnell Beachtung und Anerkennung. Es kommt eine Unabhängigkeit hinzu, die kreative Ideen besser fördert und manche veralteten Ansichten und Vorgänge leichter über Bord werfen hilft. Junge Alte, die in Organisationen eintreten, haben wenig Interesse an überholten Hierarchien. Sie durchschauen verkrustete Strukturen und dürfen sie benennen, wenn sie mutig genug sind. Von Dr. Hubert Burda stammt ein gutes Motto für die jungen Alten im Ehrenamt: »Lieber Staub aufwirbeln als Staub ansetzen.«

Ehrenamtler mit besserem Durchblick

Vor dem Hintergrund langer Lebens- und Berufserfahrung erhalten die Verbesserungsvorschläge der Älteren, die sich in ehrenamtlichen Aufgaben bewährt haben, besonderes Gewicht. Es kann zu Problemen führen, wenn fitte Ehrenamtler einen besseren »Durchblick« gewinnen und reformfreudiger sind als die am Herkömmlichen klebenden Verantwortlichen. Sollten sachlich begründete Verbesserungsvorschläge kein Gehör finden, bleibt dem Ehrenamtlichen immer noch die Möglichkeit, sich einen anderen »Betrieb« zu suchen.

Wo mitmachen?

Wer zum Engagement bereit ist, neigt dazu, sich einer Organisation zuzuwenden, die er kennt und zu deren Milieu bereits Kontakte bestehen. In solchen Fällen gelingt der Zugang leicht. Für alle weniger schnell Entschiedenen besteht ein ganz natürlicher Informations- und Beratungsbedarf. Um diesen Wünschen zu entsprechen, haben die Landesregierungen in Deutschland begonnen, schrittweise Ehrenamts- bzw. Freiwilligen-Agenturen einzurichten, um der ehrenamtlichen Arbeit ein förderndes Dach und eine moderne Struktur zu geben. Diese Landesstellen geben Zuschüsse und fachlichen Rat zum Anschub von Projekten und tragen durch Schulungen zur besseren Qualifizierung der zur Freiwilligenarbeit bereiten Bürger bei. Konkrete Unterstützung und Informationen sind auch von der jeweiligen Kommune oder direkt von bereits ehrenamtlich Tätigen zu bekommen.

Landesregierungen informieren und beraten

Um Fehlentscheidungen zu verringern, möchte ich mit Nachdruck daran erinnern, dass Ehrenamt und Hobby sehr viel miteinander zu tun haben dürfen. Je freudvoller ein Engagement begonnen und betrieben wird, umso höher ist die Qualität der Arbeit, was der jeweiligen Einrichtung als auch der Eigenmotivation nützt. Ein Besuch bei der in Aussicht stehenden Institution und Gespräche mit Beteiligten bringen hinreichend Klarheit, ob dieses oder doch besser ein anderes Betätigungsfeld in Frage kommt.

Betätigungsfeld vorher prüfen

Die heutige Gesellschaft mit den vielen Veränderungen und Neuerungen lässt auch auf dem Gebiet der Freiwilligenarbeit neue Ideen, Entwicklungen und Bedürfnisse erkennen. Die skizzenhafte Darstellung einiger Beispielen zeigt einen winzigen Ausschnitt der ehrenamtlichen Betätigungen, die vielerorts möglich sind:

▷ In zahlreichen Städten, Gemeinden und Landkreisen gibt es Seniorenräte bzw. Seniorenbeiräte. Sie arbeiten auf kommunaler Ebene bei allen die ältere Generation betreffenden Themen mit der Verwaltung und den parlamentarischen Gremien zusammen. Darüber hinaus betreiben sie Internet-Cafés, rufen zu Schreib- und Erzählaktionen auf, richten Wissens- oder Kontaktbörsen ein, beteiligen sich an Heimatfesten, veranstalten Konzerte, Vorträge und Lesungen. Bei der Umsetzung dieser Aufgaben kooperieren die Räte mit vielen anderen Institutionen vor Ort.

- ▷ Jede Partei, jede Initiative von Bürgern und fast alle Organisationen können effizienter und kompetenter arbeiten, wenn die Erfahrung der Älteren ganz selbstverständlich bei Diskussionen und Beschlüssen mit einfließen.
- ▷ Die Mitwirkung bei humanitären Organisationen gegen Hunger, Armut, Bildungsmangel oder unzureichend versorgte Kranke in einem Land der »Dritten Welt« kann eine sehr wichtige und befriedigende Betätigung sein.
- ▷ Eine Gruppe zu gründen, die eine Patenschaft für ein Denkmal oder ein denkmalgeschütztes Objekt übernimmt, um zum Beispiel bei der Sponsorengewinnung zu helfen, fördert die Ortsverbundenheit und verstärkt das allgemeine und eigene Interesse am kommunalen Geschehen.
- ▷ Bei Volkshochschulen kann eine Gruppe »Junge Alte mischen sich ein« eingerichtet werden. Man kann leicht mit einem Themenstammtisch beginnen.
- ▷ Die Mitwirkung im Alpenverein oder einer anderen Wandergruppe verbindet heimatkundliche, ökologische und soziale Aspekte und kann zur großen Befriedigung beitragen.
- ▷ Besuchs- und Vorlesedienste selbst zu leisten oder mit anderen zu organisieren, lindert nicht nur das Leid der Kranken oder Pflegefälle, sondern bringt uns Erfahrungen über die jeweiligen Einrichtungen, die uns vielleicht einmal später nützlich sein können.
- ▷ Nicht-medizinische Betreuungsdienste in den Krankenhäusern durch ehrenamtliche »Grüne« oder »Blaue Damen« werden von den Patienten wie vom hauptberuflichen Personal in den Stationen als äußerst hilfreiche Kräfte geschätzt.

- ▷ Besonders befriedigend können Vorlese-Patenschaften für Kinder sein, die in Bibliotheken, Kindergärten und Horten eingerichtet werden. Bundesweit gibt es schon 6.000 Vorlese-Paten aus dem Seniorenbereich (Vermittlung durch die »Stiftung Lesen«, siehe Seite 193).
- ▷ Einige Schulen suchen ältere Menschen als Zeitzeugen, die über Ereignisse der Zeitgeschichte berichten und so zur Unterstützung und Verlebendigung des Unterrichts beitragen.
- ▷ »Tiere helfen Menschen« heißt eine Aktion eines Seniorenrates, bei der auf Wunsch Hunde oder Katzen für Besuche bei pflegebedürftigen Personen vorbereitet werden.
- ▷ Beim »Streichelzoo« verhelfen aktive junge Alte bei Kinder- und Schulklassenbesuchen im Zoo zu besonders intensiven Kontakten zwischen Tieren und Kindern.
- ▷ »Kirche & Co« heißt ein ökumenischer Verein mit einem Info- und Beratungsladen, der 90 Prozent seiner Öffnungszeiten mit gut qualifizierten Ehrenamtlichen bestreitet. Jeder neue Mitarbeiter wird zuerst aktuell ausgebildet.

Bei den meisten dieser Engagements wird vor Beginn eine fachgerechte Einführung oder Schulung angeboten.

Das »Darmstädter Modell« als ein Beispiel

Ehrenamtlichkeit im professionellen Stil

Seit 1994 arbeitet der Verein »Ehrenamt für Darmstadt e.V.« mit 270 aktiven Mitgliedern, die jährlich etwa 14.000 Stunden ehrenamtlich im Kulturbereich wirken. Eine Leistung, die bundesweit Aufmerksamkeit erregt und schon als Mustereinrichtung für andere Kommunen, auch außerhalb Deutschlands, gedient hat.

Das Geheimnis dieser erfolgreichen Entwicklung liegt in der Vereinsphilosophie begründet, die ehrenamtliche Arbeit in professionellem Stil leistet: wöchentliche Vorstandssitzungen, eine zentral in der Stadt liegende Geschäftsstelle mit großzügigen Öffnungszeiten, Pflege der Kontakte zu Mitgliedern, Partnern und Sponsoren, eine lebhafte Pressearbeit sowie zweimal jährlich die Herausgabe einer eigenen Zeitschrift. Zu den bewährten Vermittlungen in die Kulturinstitute kommen neue Tätigkeiten, wie zum Beispiel eine »Abrufgruppe«. Die Abrufgruppe ist ein flexibel einsetzbares Team mit wechselnder Besetzung für Veranstaltungsmanagement-Aufgaben im nichtkommerziellen Bereich, wie Sonderausstellungen im Museum, ein Sommerfest der Stadtbibliothek sowie Spezialeinsätze bei Info-Messen und Kunst-Aktionen. Die aktuelle Liste der Partner zählt 45 Kultureinrichtungen (Adresse siehe Seite 191).

Nie aufhören, neu anzufangen

Kreative Beispiele der Freiwilligenarbeit ...

Wie unterschiedlich, wirkungsvoll und weltläufig sich nachberufliche Ehrenämter entwickeln können, ist schwer auf einen Nenner zu bringen. Wenige, willkürlich ausgesuchte, leuchtende Beispiele, an denen sich zeigt, welche Chancen und Abenteuer die späte Lebensphase für uns bereithalten kann, sollen die kaum vorstellbare Vielfalt wenigstens andeuten:

... in der internationalen Sportförderung

- ▷ Der frühere Versicherungskaufmann und Sportvereinsvorsitzende B. fand nach einem Spielfest, bei dem um Spenden gebeten wurde, einen erstaunlichen Erlösbetrag vor, den er für Spiel- und Sportplätze sowie Sportgeräte an SOS-Kinderdörfer weiterleiten wollte. Bei der Vermittlung des Betrages stellte sich heraus, dass eine Person mit den erforderlichen Erfahrungen zur Umsetzung fehlte, was den engagierten Herrn nach einiger Überlegung veranlasste, selbst nach Bethlehem zu reisen und das dortige Projekt bis zum Einweihungsfest zu begleiten. Angeregt durch einen Pressebericht über die Aktion interessierte sich bald das Nationale Olympische Komitee für diese Initiative. Herr B. ist seit 1998 ehrenamtlich im Auftrag des NOK in 18 Ländern, darunter Albanien, Gambia, Ost-Timor und Weißrussland mit seinen Projekten aktiv.
- ▷ Ein ehemaliger Stadtplaner ist einer der 7.000 Senior-Experten, die ihre Lebens- und Berufserfahrungen weltweit in einem der 90 Entwicklungs- oder Schwellenländer für begrenzte Zeit zur Verfügung

... im Entwicklungsdienst

stellen. Die Stiftung der Deutschen Wirtschaft für internationale Zusammenarbeit in Bonn informiert darüber und vermittelt die Einsätze für hoch und normal qualifizierte Männer und Frauen, die allerdings eine stabile Gesundheit nachweisen sollten. Die Kenntnisse über Land und Leute in einem fremden Land können kaum intensiver gewonnen werden als bei dieser Arbeit.

▷ Die kleine Gemeinde Bönnigheim suchte Wege, eine literarische Gedenkstätte zu Ehren der Schriftstellerin Sophie La Roche durch die Einbeziehung der örtlichen Winzergenossenschaft für Touristen attraktiver zu gestalten. Die Eröffnung einer Vinothek war nur mit einer ehrenamtlichen Leitung zu realisieren. Man fand schließlich einen pensionierten Postbeamten, der sich daraufhin zum Weinberater ausbilden ließ. Mit seiner Begabung, stilvoll mit Menschen zu kommunizieren, gelingt es ihm – gemeinsam mit seiner Ehefrau – Literatur und Wein in geselliger Weise zu verbinden und so den Ort touristisch und kulturell aufzuwerten.

... und im kulturellen Leben vor Ort

▷ Elf tatkräftige Rentner haben sich in der Siedlung Gnadwald zusammengeschlossen, um den gesamten Innenausbau eines leer stehenden, denkmalgeschützten alten Kraftwerks vorzunehmen. Sie wollten ein neues Bürgerzentrum schaffen. Nach der Zusage finanzieller Unterstützung des Besitzers legten die Männer aus unterschiedlichen Berufen in Kooperation mit einem Architekten und einigen Spezialfirmen kräftig los. Nach rund 38.000 Arbeitsstunden in zweieinhalb Jahren konnten drei Kulturvereine in neue Räume einziehen und die Siedlung durch ihre Angebote beleben. Die tiefen gemeinsamen Erfahrungen und die stärkenden Erfolgserlebnisse in der Endphase ihrer Bauzeit möchte heute keiner der Teammitglieder missen.

Gerade dieses letzte Beispiel könnte in all den Orten Nachahmer finden, in denen die Bahn den Verkehr eingestellt hat oder einstellen wird, aber die Bahnhofsgebäude noch keine neue Funktion gefunden haben.

Der Brückenschlag zur Jugend

Der Generationenkonflikt kann nur durch ein Miteinander verhindert werden. Die meisten jungen Alten hatten auf ihrer langen Wegstrecke im Arbeitsleben eine Sorge nicht, die heute einen erheblichen Teil der Jugend schwer bedrängt. Ausbildungsmangel und Arbeitslosigkeit bedrohen besonders die unteren Schichten und Immigrationsfamilien. Jugendliche mit einem schlechten oder keinem Hauptschulabschluss haben heute kaum noch Chancen. Geld aus eigener Kraft zu verdienen und sich im Arbeitsleben bewähren zu können, bleibt für viele junge Menschen ein Traum. Frühe Resignation und Scham sind die bedrückende Erfahrung in einem Alter, in dem Aufgaben und Perspektiven den Charakter bilden sollen. Diese Jugendlichen brauchen eine berufliche Chance!

Die Not der Jungen lindern

Allergrößten Beifall für ihre Hilfe bei dieser Problematik verdienen Seniorengruppen in Mainz und Ulm. Während sich in Ulm Rentner aus unterschiedlichen Berufen als Lehrkräfte für Berufseinstiegs- und Bewerbungsfragen in den 8. Klassen der Hauptschule zur Verfügung stellen, um ihre Erfahrung weiterzugeben, übernehmen in Mainz die jungen Alten Patenschaften für die Zeit bis zum Antritt einer Lehr- oder Arbeitsstelle. Die Älteren vermitteln zwischen Schule und Eltern einerseits und den Fallmanagern der Arbeitsvermittlungsagenturen sowie den Firmen, die einstellen sollen. Dabei kommt den Helfern ihre allgemeine Erfahrung wie auch ihre spezielle Kenntnis in den Firmen vor Ort zugute.

Konkrete Hilfe, nützliche Erfahrung

Dieses mustergültige Verhalten hilft nicht nur in Einzelfällen, sondern baut äußerst wertvolle Brücken zwischen den Generationen. Auf den ersten Blick profitieren vor allem die Jungen, die auf unerwartete Beachtung und Zuwendung stoßen. Aber wie nützlich die Erfahrung für die Älteren ist, wenn sie bei näherem Kennenlernen und bei steigendem Engagement für ihre »Patenschaft« tiefe Einblicke in die Welt der Jugendlichen erhalten, kann nur vermutet werden.

Das Projekt »Senior-Trainer/-in«

Staatliche Förderung durch EFI

Mit dem Modellprogramm »Erfahrungswissen für Initiativen (EFI)« setzte die frühere Deutsche Bundesfamilienministerin Christine Bergmann bundesweit Impulse für gesellschaftliche Betätigung älterer Menschen im Rahmen eines freiwilligen Engagements. Das Programm baut auf Bewährtem auf und will die Erfahrung Älterer nutzen, um qualifizierte Dienstleistungen zu erbringen. Ältere Menschen zeigen dabei häufig eine hohe Leistungsfähigkeit und Leistungsbereitschaft, gerade für neue Aufgaben.

Das Programm ist in 32 Kommunen mit rund 220 Teilnehmern angelaufen. Ältere, die aus dem Erwerbsleben ausgeschieden sind und eine Herausforderung suchen, erhalten in der Startphase eine zweistufige Schulung, die ihre eigenverantwortliche Tätigkeit fördert.

Zu den Leitideen dieses Programms gehören:

- ▷ älteren Menschen einen Platz in der Mitte der Gesellschaft zu sichern,
- ▷ gelebte Generationensolidarität zu zeigen und
- ▷ durch das Engagement Lebensfreude und Lebenssinn zu erfahren und zu vermitteln.

Die Ausbildung führt nicht nur zur Unterstützung in dem vielfältigen Bereich der Arbeit mit Senioren, sondern umfasst auch das Erfahrungswissen der Senioren für den Einsatz in der Kinder- und Jugendarbeit, bei generationsübergreifenden Projekten, bei selbst organisierter Freizeitgestaltung, in der Kulturarbeit, im Bereich Umweltschutz/Ökologie und in der Arbeit mit Migranten.

Die Fachkurse werden von zentralen Bildungsträgern durchgeführt. Das auf die neuen Aufgaben vorbereitende Bildungsprogramm wird wissenschaftlich begleitet. Das Programm zielt auf eine »Professionalität« der freiwillig Tätigen, die durch Fortbildung, Beratung und Begleitung auf hohem Standard die Qualifizierung sichern. Das EFI-Programm will Senioren-Trainer systematisch auf neue verantwortungsvolle Rollen in der Gesellschaft vorbereiten, für die angesichts der demografischen Veränderungen in Kürze großer Bedarf bestehen wird (Adresse siehe Seite 190).

Private Pflege

Wo freiwillige Dienste unumgänglich sind

Völlig ungeplant kann es zu der Notwendigkeit kommen, eine Person in der Familie oder im Freundeskreis pflegen zu müssen. Rund 80 Prozent aller Pflegefälle werden privat und meistens von Frauen oder jungen Alten beiderlei Geschlechts geleistet. Zu diesen Pflegediensten, egal in welcher Stufe, gehören stets auch Betreuung und Ermutigung, was über die körperliche und zeitliche Belastung hinaus täglich auch psychische Reserven erfordert. Von den Pflegebedürftigen ist oft kein Dank oder keine Anerkennung zu erwarten, was die Arbeit auf Dauer zusätzlich erschwert. Mit der sich irgendwann abzeichnenden Grenzbelastung der Pflegeperson entsteht ein bedrückender Teufelskreis: Je enger die Beziehung, umso »unmöglicher« scheint die Abgrenzung, bis die Pflegeperson selbst krank zu werden droht.

Max hat sich noch nicht entschieden, welchem Hobby oder welchen Interessen er nun nachgehen will. Er ist noch auf der Suche, möchte sich nicht voreilig festlegen. Manchmal beneidet er Altersgenossen, die ganz selbstverständlich und sicher jetzt schon als Teil einer Organisation auftreten, obwohl sie als junge Alte erst vor kurzer Zeit dort tätig geworden sind.
Ein Gespräch mit seinem Freund Paul, der ihm seine Vorgehensweise schildert, hilft ihm weiter:
»Bevor ich Mitglied im Bach-Chor geworden bin, habe ich alle verfügbaren Informationen (Zeitungsausschnitte, Flyer, Programme) studiert und dann als stummer Zuschauer einen Probeabend besucht. Die Fröhlichkeit und die betont kameradschaftliche Art des Umgangs aller Mitglieder haben mich ebenso überzeugt wie die Ausstrahlung des Chorleiters. Ich war für die Sache gewonnen. Auf keinen Fall solltest Du erst beim Vorstand anfragen oder telefonieren. Man muss sich die Eindrücke direkt ›aus der Werkstatt‹ holen … .«

Hilfen für die Helfer

Was kann aus dieser Situation heraushelfen? Zum einen ist eine Fortbildung der pflegenden Person zu empfehlen, um die eigene Motivation zu stärken und ein gewisses Pflegemanagement zu lernen. Zweitens muss versucht werden, durch die Gewinnung weiterer Personen (auch die am Ort vorhandenen Pflegedienste) ein Versorgungsnetz aufzubauen, so dass die ehrenamtliche Hilfe in diesem ebenso schweren wie (zukünftig immens!) wichtigen Bereich in einer verträglichen Art und Weise gewährleistet ist.

Vielleicht gibt es auch vor Ort einen Gesprächskreis pflegender Angehöriger. Die Termine der Treffen werden meist in der Tageszeitung bekannt gegeben. Auch Anfragen bei karitativen Einrichtungen oder bei Pflegekassen können bei der Suche nach einem Gesprächskreis weiterhelfen.

Was ist der »Lohn«?

Ehrenamtliches Tun soll kein Opfern sein

Die Bedeutung ehrenamtlichen Engagements für nicht mehr berufstätige ältere Menschen darf nicht nur aus dem Blickwinkel des »Dienens und Opferns« gesehen werden. Schauen wir uns in Ruhe die Liste der lohnenden Punkte an, so wird deutlich, dass ein Ehrenamt sehr wohl positiv zur Gestaltung eines zufriedenen Lebens beiträgt:

- ▷ Angesichts der verlorenen Kontakte aufgrund des Ausscheidens aus dem Beruf stellen neue Bekanntschaften und vielleicht auch Freundschaften einen Wert für die neue Lebensphase dar. Auf Dauer entsteht ein Netz von neuen Beziehungen, die vielleicht einer später drohenden Vereinsamung entgegenwirken.
- ▷ Geregelte Verpflichtungen außer Haus verhelfen zu einer gewissen Ordnung im Leben, ohne die das sonst weniger strukturierte Leben keine »Balken« hätte. Aus dem selbst geknüpften Netz neuer Anlässe und Ereignisse kann ein neues, prickelnd schönes Lebensgefühl entstehen.
- ▷ Achtung, Anerkennung und Respekt sind nicht das Wichtigste bei der ehrenamtlichen Arbeit, aber es

sind freundliche Beigaben, die das Selbstwertgefühl und das Gefühl des Gebrauchtwerdens heben.

- Bei öffentlichen Ereignissen als »Rädchen« oder gar als Motor einmal im Rampenlicht zu stehen, sind wertvolle Aspekte, die dem Ego gut tun und die Motivation wach halten.
- Neue Lern- und Erfolgserlebnisse gemeinsam mit anderen zu haben, stellen die ehrenamtlichen Tätigkeiten oft in einen atmosphärisch angenehmen Rahmen. Überwiegen solche Erfahrungen bei der Ausübung eines Ehrenamtes, so rückt dieses Tun in die Nähe einer Sinnfindung oder Erfüllung im Alter. Auf Dauer wirkt sich dieses Tun sowohl auf das eigene Wohlbefinden als auch auf eine positive Persönlichkeitsentwicklung aus.

Sinnfindung im Alter

- Die Mitsprache bei Entscheidungen, die gefühlte Gleichwertigkeit neben dem hauptberuflich Tätigen sowie die Freiheit, sein Engagement nach eigenem Ermessen zu steigern oder zu drosseln, sind weitere Privilegien der ehrenamtlichen Arbeit.
- Die größte Genugtuung mag jedoch aus der Beobachtung entstehen, dass wir Vorbild geworden sind. Darüber wird kaum gesprochen. Aber wenn wir bemerken, dass jemand aus unserem engeren Umfeld, der vorher passiv gewesen ist, jetzt durch unseren Einfluss sich selbst zu ehrenamtlichem Handeln entschließt, dürfen wir dies als eine »Sternstunde« innerlich feiern.

Eine besondere Anerkennung ehrenamtlichen Engagements hält der frühere Ministerpräsident und jetzige Manager Lothar Späth für die aktiven jungen Alten bereit, indem er sagt: »Nach einem fünfminütigen Gespräch mit einem Rentner stelle ich anhand seiner Fitness fest, ob mein Visavis irgendwo beteiligt ist oder sich einfach nur die Zeit vertreibt.«

Sichtbares Zeichen der Fitness

Muße zur Muse

Ein Ruhetag

Geplantes einmal zur Seite schieben,
den Tag zum Ruhetag erheben,
genießend im Schein der Sonne liegen,
ohne gleich ein »Gewissen« zu kriegen.
Die Chance, bewusst das Schweigen zu wagen
anstatt doch immer das Gleiche zu sagen.

Der Blick schweift über den Tellerrand
entbunden vom Alltagspflichtenband.
Die Sicht nach innen, leicht entspannt:
das Wesentliche wird besser erkannt,
beim stillen Rückzug für ein paar Stunden
hat mancher Geist seine Größe gefunden.

Muße – das bewusste Faulenzen

Zu dem neuen Maß, das unser Wohlbefinden steuern soll, gehört es, das bewusste Faulenzen zu üben. Diese Form der Muße ist mehr als Ausruhen. Sie vermittelt das genussreiche Gefühl, dass die Zeit einfach verstreichen darf, ohne dass wir etwas dazu tun müssen. Wenn wir uns den frei fließenden Gedanken und Bildern einfach hingeben, ohne sie zu kontrollieren, zu lenken oder ein bestimmtes Ziel erreichen wollen. Muße haben heißt auch, sich als passives, allenfalls beobachtendes Element der Alltagswelt zu erleben. Das regelmäßige Verweilen in dieser Beobachterrolle vermindert den Druck und hält Unruhe von uns fern.

Verweilen und zuschauen

Muße ist der Gemütszustand, der uns für musische und künstlerische Betätigung öffnet und vorbereitet. Im Umgang mit dieser Muße können wir die Souveränität des Alters spüren, die beim loslassenden Zuschauen entsteht.

Meditieren – das private Philosophieren

Zeit für persönliche Klärungen

Mit etwas Geduld und Ausdauer kann man sich das Meditieren selbst beibringen. Viele tun es bereits, ohne diesen Begriff dafür zu verwenden. Im Gegensatz zum bewussten Faulenzen kommt hier die Konzentration ins Spiel. Es geht auch nicht mehr um Kleinigkeiten im Alltag, sondern um das Nachdenken über zentrale Themen des Lebens. Der Fluss der Gedanken wird gesteuert. Die Ziele bei der Meditation sind persönliche Klärungen.

Meditation hat fließende Grenzen zur Kontemplation oder auch zum ganz privaten Philosophieren. Jeder bestimmt den Gegenstand seines Meditierens selbst. Als Inhalt kommen Themen infrage, die uns wichtig sind und uns langfristig beschäftigen. Themen, die unser jetziges oder zukünftiges Leben ordnen wie zum Beispiel die persönliche Lebensperspektive, die eigene Werteordnung oder unsere Einstellung zur Gesundheit oder zur Religion. Im Hinblick auf das bewusste Altern stellen sich viele Fragen neu.

Sollten die Selbstversuche scheitern, ist ein Kurs zum Einstieg der richtige Weg.

Entfalten – anstatt liften!
Slogan von »mehrkultur 55plus«,
Institut für Bildung und Kultur in NRW

Der Schlüssel zum Kreativsein

Unbekannte Potenziale wecken

Obwohl es die großen Werke der Künstler sind, die uns den Begriff Kreativität am besten verdeutlichen, greift es zu kurz, wenn wir Kreativität nur mit Architektur, Musik oder Malerei in Verbindung bringen. Kreativität gehört zu jedem kultivierten Leben. Die meisten Menschen könnten schöpferischer sein, als sie tatsächlich sind. Kreativität hängt nicht allein von der Erbmasse, der Umwelt oder der Erziehung ab. Vielleicht musste unser unerkanntes Potenzial bis in die nachberufliche Phase warten, um an das Tageslicht gehoben zu werden. Natürlich sind Grad und Ausrichtung unserer Begabung unterschiedlich. Aber wir haben vielleicht eine Ahnung, ob unsere kreativen Entwicklungschancen eher in der Technik, in der Wissenschaft, im musischen oder im sozialen Bereich liegen. Kreativität kann sich auch außerhalb der klassischen künstlerischen Felder zeigen, wenn wir in ganz lebenspraktischen Dingen schnell neue, originelle Lösungswege »erfinden«.

Chancen des Alters nutzen

Der Schlüssel zum Kreativsein liegt in uns. Ob wir ihn benutzen wollen, können wir selbst entscheiden. Jedenfalls sind die Chancen größer, als unser seitheriges Leben es zuließ. Bei den meisten Angehörigen der heute älteren Generation gab es in der Jugend eher hemmende als fördernde Einflüsse, sich in einer künstlerischen Betätigung zu erproben. Das Selbst jetzt zu entfalten, heißt auch, mutig an das eine oder andere neue Gebiet heranzugehen. Es ist leicht Neues zu schaffen, wenn man ein »Neuer« werden will.

Schläft ein Lied in allen Dingen,
Die da träumen fort und fort.
Und die Welt hebt an zu singen,
Triffst du nur das Zauberwort.
Joseph von Eichendorff

Musik hören und selbst musizieren

Viele Menschen wenden sich in der nachberuflichen Phase einer musischen Beschäftigung zu, zu der oft über Jahrzehnte eine besondere Neigung bestand und die jetzt zu einer Blüte gelangen kann. Eine stille Liebe in eine große zu verwandeln, kann ein verlockendes Abenteuer sein.

Eine stille Liebe in eine große verwandeln

Im Laufe des Lebens sind aus Musikliebhabern Musikkenner geworden. Als Konzertbesucher und Hörer besteht jetzt die Möglichkeit, über den Genuss der Erlebnisstunden hinaus dieses Interesse zum Hobby auszubauen. Das eigene Archiv zu vervollkommnen, zu erweitern, neu zu ordnen, bestimmte Stücke aktuell aufzunehmen oder mit modernen Tonträgern zu experimentieren, Fachliteratur zu lesen und die Kulturkalender nach aktuellen Höhepunkten zu durchstöbern, sind alles Aspekte, die eine unvergleichliche Bereicherung des Lebens in Aussicht stellen. Wer gar mit Gleichgesinnten auf diesem Gebiet zusammenarbeitet, steigert nicht nur die eigene Lebensfreude.

Ein Beispiel soll dies verdeutlichen: Der Hamburger Robert »Bob« Hertwig hat seine private Schallplatten- und CD-Sammlung auf die Zeit von 1900 bis Kriegsende spezialisiert. Er erweiterte aus eigenem Interesse sein Sortiment um sprechende Künstler aus derselben Epoche wie Horst Lommel oder Karl Valentin. Neuerdings betreibt der jetzt über-60-jährige gelernte Kaufmann mit seinen historischen Platten und Kassetten einen Musikversand und beglückt mit seinen Remakes Scharen von nostalgischen Liebhabern aus der (meist) älteren Generation.

Versuche aus der Jugendzeit wieder aufnehmen

Jedes Mal, wenn sich bei kleinen privaten Festen jemand spontan ans Klavier setzt und ein Stück spielt, kann er sich der stillen Bewunderung der Zuhörer sicher sein. Ich verhehle nicht, die jeweiligen »Künstler« etwas zu beneiden. Ja, man müsste Klavier spielen können.

Max fragt Eva, ob man Kreativität auch trainieren kann. Noch im Nachdenken antwortet sie langsam: »Kreativsein kann zum Alltag gehören, wenn wir für ungelöste Probleme gescheite Entscheidungen suchen und finden.« »Nein, Kreativität ist doch immer eine Aussage in einer künstlerischen Form, ein Roman, ein Bild oder ein anderes Produkt«, erwidert Max und geht zum Bücherschrank. Er zitiert aus dem Lexikon: »… eine Kraft und die Fähigkeit zum originellen Denken und der Wille, sich über bestehende Vorstellungen hinaus zu bewegen.«
Es folgt ein anregendes Gespräch, bis die beiden sich einigen, einmal gemeinsam kreativ zu werden. Sie nehmen sich vor, ihrem Sohn zum 30. Geburtstag ein Gedicht passend zu einer Melodie zu schreiben und ihm zur Feier des Tages vorzusingen.

Vielleicht sollten wir einfach mal ausprobieren, wie viel Freude ein Musikinstrument noch bereiten kann, das wir aus Kinder- oder Jugendzeiten heute wieder ausgraben.

Guter Gesang wischt den Staub vom Herzen.
Christoph Lehmann

Singen

Man singt nur mit dem Herzen gut

Gesang, bei welchem Anlass auch immer, geschieht nicht nur durch das Betätigen der Stimmbänder und die Regulierung des Atems. Da ist noch etwas anderes im Spiel. Nähern wir uns diesem Unbekannten, das wie eine verdeckte Kraft in uns wirkt, bei einem Versuch. Ich hoffe, jedermann hat aus der Kindheit noch die einfache Melodie des Sommerlieds von Paul Gerhardt (1607 – 1676) in Erinnerung, um spontan bei diesem Experiment mitmachen zu können:

Geh aus, mein Herz, und suche Freud
In dieser lieben Sommerzeit
An deines Gottes Gaben;
Schau an der schönen Gärten Zier
Und siehe, wie sie mir und dir
Sich ausgeschmücket haben.

Wer will, kann noch den achten und vorletzten Vers dieses Liedes ausprobieren:

Ich selbsten kann und mag nicht ruhn;
Des großen Gottes großes Tun
Erweckt mir alle Sinnen;
Ich singe mit, wenn alles singt,
Und lasse, was dem Höchsten klingt,
Aus meinem Herzen rinnen.

Eva und Max sind als aktive Mitglieder dem Chor »Singender Bodensee« beigetreten. Nach Monaten des Probens stehen sie jetzt beide vor ihrer Premiere als Chorsänger. Aufgeregt wie junge Backfische fiebern sie diesem Auftritt entgegen.
Beide sind überrascht, wie viel Freude die gemeinsame Aktivität bei ihnen auslöst.
Im Laufe der Übungsstunden kommen sie sich auch an den Abenden wieder näher, an denen sie sich tagsüber »furchtbar auf die Nerven« gefallen sind.

Wir haben eine graue Zivilisation,
die vom Tod gekennzeichnet ist.
Ich möchte nicht mitsterben,
deshalb bin ich Maler geworden.
Friedensreich Hundertwasser

Malen und Zeichnen

Viele Unruheständler finden Freude am Zeichentisch oder an der Staffelei. Dabei paaren sich Ruhe und Aktivität zum kreativen und sehr befriedigenden Tun. Für die »Flächengestalter« mit Pinsel oder Stift ist die Welt voller Objekte: Jeder Stuhl, jeder Tisch, eine Schale Obst, der Stephansdom oder das Matterhorn sind – je nach malerischem Entwicklungsstand – geeignet. Jeder Gestaltungswunsch führt zu einem individuellen und unverwechselbaren Ergebnis. Zwischen der möglichst naturgetreuen Wiedergabe bis zur Verfremdung und Abstraktion bieten sich ungezählte Gestaltungsfacetten zum Entwickeln des persönlichen Stils, einer eigenen Handschrift. Linien und Striche, Farbe und Form können ganz nach eigenem Belieben kombiniert werden. Einmalig ist der Entstehungsprozess eines jeden Bildes. Ein Maler oder Zeichner kann ohne Worte erzählen. Licht, Stimmung, Erinnerung und momentane Assoziationen fließen, für uns lesbar, in das Werk ein.

Die Freiheit, eine zweite Handschrift zu entwickeln

Bilder, die aus dem Lustprinzip heraus entstehen, werden oft nur um des Malens willen gemalt. Es ist unwesentlich, an spätere Betrachter zu denken. Wer auf fremde Anerkennung und Qualität Wert legt, sollte sich durch eine Ausbildung Grundkenntnisse erarbeiten, was in zahlreich angebotenen Kursen leicht möglich ist. Die Kurse geben auch Aufschluss über die Kunstgattung, der man sich zuwenden soll. Facettenreich wie kaum ein anderes musisches Feld lässt sich für den Bereich Malen fast ein ganzes Alphabet aufzählen: Aquarell, Bleistift, Collage, Dekor ...

Tanz

Glückliche Verbindung von Bewegung, Spiel und Freude

Bewegungsmöglichkeiten mit Musik können bei Älteren kleine Wunder vollbringen. Männer und Frauen überschreiten durch die rhythmische Kraft der Musik biologische Grenzen ihres Alters, wenn die Motivation zur Erhaltung der Beweglichkeit mit im Spiel ist. Glücklicherweise bieten fast an jedem Ort Sport- oder Kulturvereine sowie Volkshochschulen oder Tanzschulen vielfältige Formen des Tanzes als Kurse an.

In den letzten zehn Jahren haben viele Tanz- oder Ballett-Abteilungen bzw. Choreografische Theater moderne Stücke mit Senioren ins Programm genommen. Die Darsteller sind ältere Menschen, die als Statisten ans Theater gekommen sind. Am bekanntesten für diese Sparte ist das Tanztheater von Pina Bausch in Wuppertal.

Für Eva ist es ein Jungbrunnen: Im Sportverein hat jetzt ein Kurs »Tänzerische Frauen-Power« begonnen. Gleich am ersten Vormittag geht es bei schmissiger Musik richtig zur Sache. Eva lässt sich schnell begeistern und ist nach der Stunde körperlich »herrlich durchgeknetet« und sehr gehobener Stimmung. Sie stellt fest, dass ihr Tanzen eigentlich von Kindheit an viel mehr Spaß bereitet, als sie dem bisher nachgekommen ist. Sie will künftig so viel wie möglich von dieser versäumten Freude nachholen und hat schon gefragt, ob der Kurs nicht in ein ganzjähriges Angebot umgewandelt werden könnte.

Was diese Tanz-Laien fortgeschrittenen Alters in den Probemonaten erfahren, wie sie sich mit Eifer an ihre körperlichen und gedanklichen Grenzen herantasten und mit Energie überwinden, wie sie beim Einüben kleiner Choreografien sich in eine geistige Mobilität steigern, ist fabelhaft. Wie sie nach jahrzehntelanger Pause wieder hüpfen, springen, toben, sich hinwerfen, flirten, schreien und sich ausgelassen und engagiert auf ihre Vorstellung vorbereiten, ist ein fast unglaublicher Prozess der Verjüngung Einzelner. Außenstehende mögen das Geschehen im Probesaal zeitweise für unpassend, unangemessen oder zumindest gewöhnungsbedürftig halten, aber das ist ja gerade der Haupteffekt. Diese jungen Alten verlieren ihre Krusten und ihre Steifheit, üben ernsthaft und diszipliniert, ohne krampfhaft das Jungsein erreichen zu wollen. Sie spielen das Leben, das sie früher geführt haben und merken, wie es sie im Alter verändert.

Prozesse der Verjüngung

Bei den tänzerisch aktiven Älteren sind folgende Veränderungen zu beobachten:

- ▷ Kopf und Körper werden systematisch trainiert, was sich in Gang und Körperhaltung ausdrückt;
- ▷ auch die Mimik gewinnt an Ausdruck, Frische und Beweglichkeit;
- ▷ die Freude an der eigenen, nicht für möglich gehaltenen Leistung wirkt belebend und beglückend;
- ▷ das Selbstwertgefühl bekommt neue Flügel;
- ▷ die unerwartete Bestätigung weckt Perspektiven;
- ▷ die »späten Künstler« vergessen die Anstrengung und schwärmen von dem Erlebnisreichtum.

Bewerbungen von Älteren werden in der Statisterie von den Theatern gern registriert, zumal im Tanztheater zunehmend neue Stücke entstehen, die das Thema Altern oder Älterwerden in unterschiedlichen Variationen künstlerisch bearbeiten.

Außerdem kommt es
nicht auf das Lesen an,
sondern auf das Wiederlesen.
Jorge Luis Borges

Im »Steinbruch Literatur«

Grenzenlose Bereicherung wartet auf uns

Sowohl für konkrete Änderungen des Lebensstils als auch für kleine Gedankenreisen nach dem Ende des Berufslebens bietet die Literatur eine schier grenzenlose Auswahl an Anregungen. Wer regelmäßig im »Steinbruch Literatur« arbeitet, kennt den Wert dieser Mußestunden, die uns bereichern und wenig kosten. Literatur kann uns beflügeln, euphorisch und traurig stimmen. Es ist anregend, auch im fortgeschrittenen Alter Märchen zu lesen, Biografien zu studieren oder Science-Fiction-Romane zu schmökern. Bilder der Zukunft und die Geschichten der Vergangenheit stehen uns, schön zwischen zwei Buchdeckeln verpackt, zur Verfügung. Die vergnügliche Arbeit, sie dort Zeile für Zeile für uns »herauszuschlagen«, gilt als eines der genussreichsten Hobbys für viele Menschen.

Das Wiederlesen birgt den besonderen Reiz, immer wieder bei alten, längst verstorbenen »Freunden« Halt zu machen und aus ihrer Hinterlassenschaft Kraft zu ziehen. Mein markantestes Beispiel: Schillers Ballade »Die Bürgschaft« rührt mich nicht nur seiner klassischen Sprachschönheit wegen an, sondern ebenso aufgrund der edelsten menschlichen Tugenden wie Mut im Handeln, Treue im Versprechen und Opfer für die Freundschaft, die gerade in unserer Zeit eine mahnende Aktualität besitzen.

Wiederlesen kann den eigenen Bildungsweg nachzeichnen: Um dem so empfundenen geistigen Elend der Jugend zu entkommen, las ich mit sechszehn Alexis Carrel, José Ortega y Gasset und später in den »Gedanken« von Blaise Pascal, ohne mehr als einen Bruchteil zu verstehen. Indem ich mit wachsendem Verständnis immer wieder zu dieser Lektüre zurückgekehrt bin, erscheinen mir heute einige Passagen wie eigene Gedanken.

Klaus Doderer, ein schreibender Literaturwissenschaftler, spricht von seinem »literarischen Haushalt«, der ihm im Laufe seines Lebens zugewachsen sei. Diesem erfahrenen »Steinbruch-Vorarbeiter« über die Schulter schauend, möchte ich zwei markante Geschichten über das Altern herausgreifen, die beim Einrichten des Lebensabends von Bedeutung sein können:

Wer gehört zu unserem »literarischen Haushalt«?

- ▷ Nur wenige Druckseiten umfasst die Geschichte »Die unwürdige Greisin« von Bert Brecht. Der stille, aber gravierende Rollenwechsel dieser Dame in den letzten Jahren ihres Lebens ist inhaltsreich und packend zugleich zu lesen.
- ▷ Die zweite Figur ist Ernest Hemingways Erzählung über einen alten kubanischen Fischer »Der Alte Mann und das Meer«. Während die 72-jährige Frau bei Brecht neue Fäden in ihr Leben einwebt, die ihr niemand zugetraut hätte, wird der Fischer, der das Schwinden seiner Kräfte nicht wahrhaben will, mit dem Älterwerden nicht fertig.

Sehen lernen durch Fotografie

Spielen mit Farbe, Form, Licht und Schatten

Viele Ältere finden Spaß daran, die lebenslang gesammelten Erfahrungen beim Fotografieren auf neue Beine zu stellen. Fotoclubs und Fotokurse vermitteln schnell die dazu nötigen Grundlagen der Bildgestaltung und der modernen Kameratechnik. Die Teilnahme an einer Exkursion oder Foto-Safari hilft klären, ob Fotografieren perspektivisch ein Hobby werden kann. Ein Interesse an Technik, Natur und Ästhetik sollten vorhanden sein, um sich an diesem Spiel mit Form und Farbe, Licht und Schatten, als Dokument oder Reportage zu beteiligen. Handwerkliches und künstlerisches Schaffen berühren sich beim Erstellen von eigenen Fotobüchern und -wänden. Wunderbare, vielsagende persönliche kleine Geschenke können entstehen, wenn die Kamera nicht nur unser Wegbegleiter, sondern auch unsere »Sehhilfe« wird.

Wie das Lesen das Verstehen der realen und der erdachten Welt erleichtert, so fördert die Beschäftigung mit den stehenden und den laufenden Bildern (Foto,

Kleine persönliche Geschenke

Film und Video) unsere Wahrnehmung und die Kreativität. Eine von mir sehr geschätzte Freundin verschenkt im Alter von weit über 80 Jahren eigene Landschaftsfotos, die sie zu neutralen Grußkarten weiter bearbeitete.

Neue Nutzungsfelder der hergestellten Fotos und Filme bietet die Biografiearbeit (siehe Seite 159).

Wenn ich schon nichts mitnehmen kann,
möchte ich wenigstens etwas hinterlassen.
Hella Morten

Der Hände Werk

Innere Ödstrecken, bleierne Tage wie graue Stunden, in denen unser Lebenslicht nur schwach leuchtet, sind niemandem ganz unbekannt. Für viele, nicht nur Ältere, ist der Hände Werk die beste Therapie. Tun hilft immer.

Innere Zufriedenheit selbst herstellen

Ob eine Verschönerung des Gartens, am Auto oder ein Neuanstrich in der Wohnung »schon immer mal« angedacht war, jede dieser Aktivitäten ist – abgesehen vom praktischen Nutzen – in der Lage, die innere Zufriedenheit wieder herzustellen.

Viele junge Alte pflegen bereits ein handwerklich-künstlerisches Hobby im Bereich Kunstgewerbe, Basteln oder Gestalten. Wer über solche Fähigkeiten verfügt, sollte jetzt, in der nachberuflichen Phase, an den Ausbau oder die Vertiefung dieser Neigung denken. Kursangebote dieser Art sind stark verbreitet. Sie stellen neben der fachlichen Weiterführung auch die Bereicherung durch die Anregungen, Ansichten und Entwicklungsanstöße von Gleichinteressierten in Aussicht. Die Fülle der zur Auswahl stehenden Materialien von Stroh, Baumrinde bis Gold und Silber übertrifft noch die Vielzahl der Techniken.

Wer gar an eine Ausstellung denkt, sollte früh mit einer renommierten Gruppe in der Volkshochschule, im Kunstverein oder dergleichen zusammenarbeiten. Aber auch wenn der Einzelne lieber alleine arbeitet, lässt die Zwiesprache mit Farbe, Form und Material stets neue individuelle Ausdrucksformen erwarten, die ein künstlerisches Lebensgefühl erzeugen oder die späte Entfaltung des meisterlichen Handwerkers ermöglichen.

Die Grenze zur Kunst ist fließend

Eva hat immer noch die Bilder vor Augen, wie ihre Mutter in der Nachkriegszeit aus ganz wenig Material bezaubernde Puppenkleider genäht hat. Alle beschenkten Kinder begannen sofort mit größtem Eifer ihre Puppen umzukleiden und dabei neue Mode- und Spielgeschichten zu erfinden.
Eva, die in den vergangenen vierzig Jahren durch Arbeit, Familie und verschiedene Ehrenämter dafür keine Zeit übrig hatte, verspürt jetzt starke Lust, zunächst ganz für sich alleine damit zu experimentieren. Sie holt sich eine alte Puppe vom Speicher und dank ihrer Kreativität gelingen ihr schon die ersten zierlichen schmucken Kleidungsstücke recht gut. Da ihre Produktionen soviel Emotionen und Erinnerungen an die eigene Kindheit wecken, möchte sie diese Stücke nicht verschenken. Wie einen kleinen Schatz hütet und erweitert Eva diese nostalgische Sammlung, für die sie noch keine Bestimmung gefunden hat.

Die beste Bildung findet ein gescheiter Mensch auf Reisen.
Johann Wolfgang von Goethe

Reisen von der Stange?

Das Reisen gehört bei fast 50 Prozent der Rentner zu den aktiv ausgeführten Freizeitbeschäftigungen. Der Tapetenwechsel, neue Reisebekanntschaften, das Unbekannte und Fremde sind erregend und versprechen Abwechslung. Gar nicht selten ziehen reiselustige junge Alte in eine bescheidenere Wohnung, um es sich finanziell leichter zu machen, einige Monate im Jahr im Wohnmobil unterwegs zu sein. Wer auf den Hotel- oder Ferienhauskomfort verzichten kann, gewinnt dafür intensivere Erlebnisse, Überraschungen und Abenteuer bei einer selbst konzipierten Reise in noch nicht bekannte Gebiete. Ein Gesundheits-Check, Erfahrungs-

Das Wohnmobil als Zweitwohnsitz

austausch mit Kennern der jeweiligen Landstriche und das gründliche Studium eines guten Reiseführers sind als Vorbereitung umso dringender zu empfehlen, je weiter die Reise führt.

Andererseits ziehen Ströme von Rentnern nach Kreta oder Mallorca und zurück. Neben dem Urlaub von der Stange, der oft preiswert in die überlaufenen Zentren führt, reicht das Angebot bis zu exotischen oder extremen Zielen für jeden Geschmack. Eine Reihe von Touristik-Anbietern offerieren Urlaubs-Bausteine, d. h., es können nur das Hotel oder nur die Anreise gebucht werden und der Rest kann individuell ausgestaltet werden.

Fast täglich finden Interessierte im Fernsehen, im Internet und in den Reiseseiten der Zeitungen originelle Vorschläge und Informationen. Außer den Reisebüros gibt es Seniorenorganisationen, kirchliche und politische Anbieter, die sich das riesige Touristikgeschäft aufteilen. Oft hilft schon die Preisskala, das Angebot schneller zu selektieren. Jeder darf entscheiden, ob er für Australien, den Kilimandscharo oder eine lang ersehnte Kreuzfahrt etwas tiefer in die Tasche greifen will und im nächsten Jahr wieder bescheidener reisen möchte. Es kann auch amüsant sein, sogenannte als Schnäppchen angebotene Verkaufreisen einmal auszuprobieren. Eine Portion Kritik und Standfestigkeit gehören dabei allerdings ins Reisegepäck! Über die Seriosität der Reiseveranstalter geben übrigens die Verbraucherberatungsstellen Auskunft.

Weites Spektrum an Anbietern und Angeboten

Beim in Angriff nehmen von Reiseplänen, bei der Wahl neuer Reiseziele und schließlich beim Umsetzen können wir junge Alte uns selbst testen, inwieweit eine früher nicht gekannte Behäbigkeit als Aktivitätsbremse bereits auftritt oder noch nicht …

Ein Mensch bleibt weise,
solange er die Weisheit sucht.
Sobald er sie gefunden zu haben glaubt,
wird er ein Narr.
Altjüdische Spruchweisheit

Weisheit und Glück

Eva sinniert über das Glück und fragt Max schließlich: »Haben Menschen, die glücklicher sind, einfach mehr Fantasie?«
»Eine schwere Frage, aber auf jeden Fall gehört eine optimistische Lebenseinstellung und eine Offenheit dazu, die vielen kleinen Glücksmomente im Leben wahrzunehmen, wenn man zu den Glücklichen zählen möchte. Außerdem müssen doch große Teile des Lebens als ›in Ordnung‹ oder sorgenfrei empfunden werden, sonst macht man sich doch etwas vor.«
»Okay, und was wäre denn schlimm, an der ein wenig herbeifantasierten schönen kleinen Selbsttäuschung? Lebten wir dann nicht alle etwas besser?«

Betrachtungen des Glücks

Weisheit ist alles, was uns gut zu altern hilft.
Herrad Schenk

Weisheit als Lebenskunst

Weisheit gehört zum Gewinn des Alterns. Anderen Altersgruppen wird diese durch den Lebensprozess erreichbare Fähigkeit weniger zugesprochen. Ältere sind nicht per se weise, doch unter den Weisen sind stets auffällig viele Alte.

Merkmale der Weisheit

Bei der Weisheit geht es weniger um graue Theorien als um spezielle Potenziale, besonders für das praktische Verhalten in schwierigen Lebenslagen. Reiche Lebenserfahrung, Zugriff auf unterschiedlichste Strategien der Bewältigung von Ereignissen sowie die Zuordnung eines Ereignisses in den zeitgeschichtlichen Kontext oder die Fähigkeit zum »kosmischen Denken« sind Merkmale von Weisheit. Gelassenheit und Geduld gelten umgangssprachlich der Weisheit nahe verwandt. Verständnisvoll und einfühlsam zu reagieren, wird ebenfalls mit dem Weisesein in Verbindung gebracht. Dahinter liegt die Fähigkeit, mit den Unwägbarkeiten des Lebens besser umzugehen als andere und die damit einhergehende Ungewissheit leichter ertragen zu können. Weisheit als Lebenskunst darf nicht als etwas Statisches gesehen werden. Leopold Rosenmayr sieht Weisheit als »das innere Fortschreiten der persönlichen Entwicklung, bei der der Mensch mehr als Kenntnisse erlangen sollte, um einer höheren Stufe gerecht zu werden« (aus »Hoffnung Alter«). Andere Autoren sprechen von Lebenskunst in einer »zweiten Reifung«, um damit auch das Prozesshafte zu betonen. Thomas Druyen bezeichnet in seinem Buch »Olymp des Lebens« beispielsweise die Bereitschaft zur (Neu-)Gestaltung des Lebens im Alter, angesichts gewisser Einbußen und Verluste, als eine Weisheit schöpfende Herausforderung. Wer die Gelegenheit zur Weiterentwicklung über den Weg von Demut und Verzicht wahrnehme, mache Erfahrungen, die über die eigene Persönlichkeit hinausgreifen. Mihaly Csikszentmihalyi nennt Persönlichkeiten, die freudig ihre Energie für komplexe Ziele investieren, »Grenzarbeiter«, solange noch keine offizielle Bezeichnung für das Weisewerden vorliegt. Er beschreibt in seinem Buch »Dem Sinn des Lebens eine Zukunft geben« Beispiele von Persönlichkeiten, die noch nicht die Kriterien eines konfuzianischen Weisen erfüllen, aber sehr lange in einer großen Harmonie leben können. Schließlich spricht Hermann Hesse vom Weltgeist, der uns nicht fesseln und engen will, sondern Stufe um Stufe heben und weiten, wenn wir uns dem Neuen mutig stellen.

Übrigens wurde Hesse (1877 – 1962) mit seinen meisterhaften Lebensbeschreibungen »Die Morgenlandfahrt«, »Der Steppenwolf« und letztlich »Das Glasperlenspiel« nach seinem Tod zum international anerkannten Wegweiser für viele Heilsuchende. Die Metapher »Der Weg nach innen« als eine mögliche Orientierung für das Alter, ist durch ihn populär geworden. In der brillanten Erzählung »Siddharta« vermittelt Hesse, dass erst die gereifte, erfahrene und konflikterprobte Persönlichkeit die Chance auf Weisheit erlangen kann. Während Geduld, Demut und Gelassenheit als realistische Lernziele gelten, scheint Weisheit eher ein Geschenk der Götter zu bleiben.

Chancen, die Weisheit zu erlangen

Zwei Dinge machen den Menschen glücklich
im Rahmen dessen, was das Leben leiht:
Einmal das Schöne, das er darf erleben
und dann das Schaffen, dessen Sinn ihn freut.
Frithjof Schuon

Was ist Glück?

Die Bedeutungsinhalte des Begriffs »Glück« sind sehr unterschiedlich. Nehmen wir das subjektive Wohlergehen als gute Basis, so sind folgende Steigerungsebenen denkbar. Da ist zunächst das »illusionäre Glück«, in dem sogenannte Schwärmer, Enthusiasten und

Schöngeister schwelgen. Es liegt deutlich über dem positiven Gestimmtsein, ist aber recht instabil. Weitaus zuverlässiger sind Glücksempfindungen, die durch die Erschließung von realistischen Perspektiven zu einer lohnenden Lebenswirklichkeit führen. Erst diese Variante, die über das Gestimmtsein hinausgeht, macht das Glück bodenständiger. Jedoch gehört zum Glücksgefühl stets auch der Anflug von der Gefahr, dass es uns wieder verlassen könnte, was die Stabilität so zerbrechlich wie Glas macht. Die höchste Form des Glücks wird dem Flow (siehe Seite 146) zugeschrieben. Jedes menschliche Glück ist Glück auf Zeit; auch ein weitgehend hohes Lebensgefühl braucht seine »Prüfungen«.

Menschliches Glück ist immer Glück auf Zeit

In diesem Buch geht es darum, Glück als eine höchst positive Grundhaltung zu verstehen, die auch mit krisenhaften kleinen Schwankungen umgehen können muss. Letztlich kann nur als Glück zählen, was der Betroffene als Glück wahrnimmt.

Willst du immer weiter schweifen?
Sieh, das Gute liegt so nah.
Lerne nur das Glück ergreifen,
Denn das Glück ist immer da.
Johann Wolfgang von Goethe

Das Vertraute neu sehen

Große Reisen sind – außer dem Erlebnisreichtum – auch anstrengend und teuer. Viele Weitgereiste berichten, wie sie schließlich das Glück zu Hause vor der eigenen Tür gefunden haben. Der Schlüssel, dies zu verstehen, liegt im eigenen Denken. Im Vertrauten das Neue zu sehen, bedarf der Bereitschaft und der Übung. Wie Rilkes Panther nehmen wir nur das Notwendige und Alltägliche wahr:

»Sein Blick ist vom Vorübergehn der Stäbe
so müd geworden, dass er nichts mehr hält.
Ihm ist, als ob es tausend Stäbe gäbe
und hinter tausend Stäben keine Welt.«

Um diese selbst gewählten Einschränkungen zu überwinden, müssen wir unsere Aufmerksamkeit für das Einfache bewusst steuern: Der erste Sonnenstrahl des Tages, die morgendlichen ersten Atemzüge am offenen Fenster, der freundliche Augenkontakt mit einem lieben Menschen, die Wärme des Dankes in der Stimme eines überraschend (von uns) Beschenkten, Regentropfen, die wir bejahend in unserem Gesicht landen lassen, und die vielen Dinge, die jeden Tag gelingen, sind nur Glücksmomente, wenn wir entsprechend eingestellt sind. Die Schönheit des Augenblicks liegt am Betrachter. Unser aktives geistiges Gewahrwerden der Wirklichkeit fertigt das Bild.

Die Schönheit liegt im Auge des Betrachters

Es gibt kein richtiges Leben im falschen.
Theodor W. Adorno

Selbstgenügsamkeit

Ein Prinzip aus der aristotelischen Tradition, das uns heute bei der Klärung des Begriffes Glück helfen kann, ist die Selbstgenügsamkeit oder die Selbstbescheidung. Vielleicht passt es ganz gut in die Zeit wirtschaftlicher Rezession, über Selbstbegrenzung und Mäßigung neu nachzudenken und konkret damit zu experimentieren. Ohne das Aufbrechen von Gewohnheiten wird das nicht gehen. Noch gilt bei einem Teil der Bevölkerung ein mehr oder minder prassendes Konsumieren als die optimale (wenngleich oberflächliche) Lebensform.

Das Aufbrechen des Gewohnten

Eine gewisse Zurückhaltung wird aufgrund der jetzt beginnenden Anzeichen, langsam den Wohlstand zu verlieren, in naher Zukunft politische Leitlinie sein. Zu Beginn von wirtschaftlich mageren Jahren fällt es nicht immer leicht, kleine Konsumverzichte zu leisten. Kann man Verzicht mit Einsicht verknüpfen? Eine vorauseilende Anpassung, die freiwillig geschieht, kann uns als Einstieg zur Besinnung auf das einfache Leben auch bei der Glückssuche nützlich sein. Das aufbauende einfache Leben verträgt auch gelegentlich eine »stille Stunde«, in der wir auf überflüssigen Fernsehkonsum verzichten und stattdessen meditieren, zum Beispiel über das Glück in unserem Leben. Diese entspannte Einkehr wirkt erfrischend und angenehm auf Körper und Geist.

Bescheidenheit mit politischem Hintergrund

Indem wir mehr Bescheidenheit in unser Denken und Handeln aufnehmen, wächst ein neues Gefühl für das Überflüssige. Freiwillige, stilvolle Beschränkung erlaubt den kleinen königlichen Genuss, zum Beispiel ein völlig beschwerdefreier Spaziergang am Abend, ein Tagesausflug an einen geliebten Ort, an dem uns angenehme Erinnerungen sicher sind oder ein sorgenfreier Tag, den wir zur vollen eigenen Zufriedenheit erlebt haben.

Auch stilvolle Beschränkung erlaubt Genuss

Niemals kann der Lebensstil anderer Menschen als Maßstab für unser Glücklichsein dienen. Da wo wir bescheiden glücklich sind, berühren wir die Grenze zwischen Glück und Weisheit. Praktizierte Bescheidenheit lässt gewohntes Denken hinter sich und verweist auf das, was in uns angelegt ist, sagt Aristoteles.

Man muss den Menschen die Wunder zeigen,
die sie selbst vollbringen können.
Willi Dungl

Flow – das geheimnisvolle Glück

Ein noch junges Thema der Glücksforschung

Dass große Leistungen im Zustand der Versenkung oder Erleuchtung erzielt wurden, ist uns aus der Geschichte vieler alter Kulturen bekannt. Oft sind diese Berichte von einer gewissen Mystik umgeben. Erst in den letzten 20 Jahren erhellen sich diese Überlieferungen durch die Glücksforschung. Besonders der international bekannte Psychologe Mihaly Csikszentmihalyi hat mit seinem Werk »Flow – Das Geheimnis des Glücks« das Thema Glück für breite Diskussionen zugänglich gemacht.

Flow heißt strömen, fließen, schweben – auch hingebungsvolles, freudiges Tun mit dem Gefühl der Vortrefflichkeit. Flow ist ein spiritueller Gefühlszustand, bei dem Menschen die Grenzen ihrer Erfahrung überschreiten. Zum Erreichen von Zielen und Wünschen kennen wir unterschiedliche Aktivitäten und Strategien. Über Meditation erreichbare individuelle Flow-Erlebnisse bilden eine neue Dimension des glückvollen Erfolgreichseins bei einer lange verfolgten Aufgabe. Dieses Ziel-Erreichen vollzieht sich ohne Stress und scheinbar ohne Anstrengung in der spielerischen Form traumwandlerischer Sicherheit. Befragte schildern Flow »wie in Trance« oder als »automatischen Vorgang«, bei dem die Phasen des Zweifels oder Scheiterns überwunden sind. Flow kann persönliche Innovationsschübe durch mentale Arbeit unterstützen oder auslösen.

Voraussetzungen für das Flow-Erleben

Flow ist kein oberflächliches Sensations-Thema, sondern verständlicherweise an Voraussetzungen gebunden. Voraussetzungen für das Flow-Erleben sind zum Beispiel das Gefühl der Stärke und Freude, hohe Konzentration und mentale Fähigkeiten sowie die Erfahrung, völlig im Einklang mit der gerade ausgeübten Tätigkeit zu sein. Die Flow-Theorie ist durch zahlreiche Untersuchungen als Teil der Glücksforschung belegt. Bergsteiger, Künstler und Wissenschaftler, Spitzensportler, Topmanager und Chirurgen wurden mithilfe systematischer Fragen interviewt.

Mentale Stärke und Vorstellungskraft sind nötig

Boris Becker gründet seine Erfolge im Tennis auf seiner mentalen Stärke in entscheidenden Situationen. Dr. Roger Bannister, der als erster Läufer die englische Meile unter vier Minuten durcheilte, sagt: »Der menschliche Geist ist unbezähmbar. Niemand kann ihm verbieten, bestehende Weltrekorde zu verbessern.«

Dienen dem Sportler ein hoher Trainingszustand und seine Vorstellungskraft als Voraussetzung für Flow-Erlebnisse, so wissen wir von Komponisten, dass Inspiration und göttliche Schöpfungskraft zu den fachlichen Fähigkeiten hinzutreten müssen. Der stark religiöse Olivier Messiaen spricht von »einer Epoche ohne Zeit und Raum, wir werden schwerelos und verklärt«. Aus der Sicht moderner Erkenntnis sind auch die Aussagen von Johannes Brahms Hinweise auf besondere Seelenkräfte für den schöpferischen Schaffensprozess: »Der Geist ist das Licht der Seele. Er ist die schöpferische

Energie des Kosmos. Um sich zu entwickeln und zu wachsen, muss der Mensch lernen, wie er seine seelischen Kräfte gebrauchen und ausbilden soll …«

Zu meinen Lieblingsbüchern gehört »Dem Sinn des Lebens eine Zukunft geben«. Mit inspirierenden Gedanken und Beispielen stellt Csikszentmihalyi Flow in den Mittelpunkt einer möglichen positiven Entwicklung des modernen Menschen, der die Komplexität nicht scheuen darf, wenn er Glück und Weisheit sucht.

Max hat mit sich selbst eine Abmachung getroffen: Wenn er am Morgen aufwacht und ihn keinerlei gesundheitliche Störung oder Einschränkung behelligt, beginnt er den Tag mit einem Lied, das er trällert, summt oder pfeift. Auf die Vollkommenheit des Textes oder der Melodie kommt es dabei nicht an. Auch dass ihm ein noch verschlafenes Gesicht aus dem Badezimmerspiegel zuschaut, stört sein Wachsingen nicht. Ein Lied stimmt das Gemüt. Leicht beflügelt wie durch ein Schwungrad, das langsam auf Touren kommt, begleitet ihn die gute Laune in den Tag.
Neu ist, dass er jetzt jeden Tag mit einem Liedchen begrüßt, auch wenn ihn ein Zipperlein zwickt.

Glück durch Handeln

Glück ist das Ziel der Menschheit und der Sehnsucht innerste Inkarnation.
Klabund

Das Glück zulassen

Kann man lernen glücklich zu sein?

Ist es vielleicht nur eine schlechte Gewohnheit, sich sein Glück nicht einzugestehen? Die herkömmlichen Ansichten über das Glück sind sehr verschwommen. Im Allgemeinen sind die Äußerungen darüber abwartend, zurückhaltend und eher bittend, dass es uns einmal treffen möge. »Glück muss uns geschenkt werden«, sagen erfahrene, aufgeklärte Menschen. Seit wenigen Jahren erst berichten Glücksforscher anhand von neuartigen Untersuchungen am Gehirn, wie Glück in unserem Kopf entsteht. Sie eröffnen uns fast unglaubliche Möglichkeiten, das Glücklichsein zu lernen.

Es gehört längst zu den Erfahrungen unseres Lebens, dass positive Erlebnisse schlechte Gefühle verdrängen. Seit der Antike beschäftigen sich die Philosophen mit der Vorherrschaft von Lust oder Schmerz in unserem Leben. Wir können beides haben, wissen aber nicht, dass wir eine Steuerungsmöglichkeit besitzen. Der Mandelkern ist ein noch nicht lange entdeckter Teil unseres Gehirns. Nach Ansicht der meisten Neuropsychologen werden emotionale Signale dort hemmend oder fördernd an Körper und Geist weitergegeben. Wir können also einen »Aus-Schalter« für die schlechten Gefühle benutzen lernen.

Positive Erwartung und rechtes Tun

Es lohnt sich, die einzelnen gehirnphysiologischen Vorgänge bei Stefan Klein in seinem Buch »Die Glücks-Formel« nachzulesen. Glück ist erlernbar, so lehrt dieses Werk, aber wir müssen uns darum bemühen. Ein nicht ganz neues Mittel, diesem Gefühl näher zu kommen, ist die Erwartung. Die moderne Hirnforschung bestätigt: Die Erwartung des Glücks dient dazu, unser Tun zu steuern. Hoffnung und andere positive mentale Zustände beeinflussen über das limbische System im Gehirn unser Wohlbefinden.

Die Verbindung des rechten Tuns mit dem Glück schlägt uns aus zahlreichen alten Weisheiten entgegen. Die positive Erwartung finden wir auch in der »sich selbst erfüllenden Prophezeiung« wieder, einer bekannten Grundlage des positiven Denkens. Pessimismus nährt überflüssige Sorgen und Ängste, was schon an sich die Glücksfähigkeit mindert. Befürchtungen und Mutlosigkeit sind kein guter Antrieb. Realistische Hoffnungen in Bezug auf unsere Vorhaben, deren Gelingen doch teilweise von uns abhängen, tragen dazu bei, dass sich die erhoffte Erwartung erfüllt.

Auf den Punkt gebracht, lautet die Frage: Wie lange wollen wir uns einer weit zurückliegenden bedrückenden Erfahrung in Gedanken hingeben, wenn »das Glück doch immer da ist«?

Aus dem Gegebenen das Schönste machen,
ist die Kunst des Glücks.
Aristoteles

Tagebücher des Glücks

Selbst im Zustand der Langeweile oder Unzufriedenheit gibt es Momente der Freude. Der italienische Psychiater Giovanni Fava hat eine Therapie ausgeklügelt, die allen Menschen helfen soll, ihre guten Gefühle zu verstärken. Die meisten Menschen sind nämlich viel unzufriedener, als sie Grund dazu haben. Um dieses umzusteuern, verlangte Fava, seine Patienten sollten Tagebücher des Glückes anlegen. Wer Buch führt über die guten Momente, richtet seine Aufmerksamkeit wie ein Scheinwerfer auf alles, was für ihn angenehm ist. Und weil die Augenblicke der Freude schwarz auf weiß festzuhalten sind, beschäftigt sich der Schreiber aktiv noch einmal mit dem Erlebten. Anfangs sperren sich die so Angeleiteten gegen die vielen Entdeckungen. Um aber nicht mit leeren Seiten in die nächste Stunde zu kommen, entsteht ein positiver Druck, der die erwünschte Änderung einleitet. Das eingangs bezweifelte Ergebnis zeigte Zug um Zug, dass bei allen Patienten

Ein möglicher Lernweg zum Glück

die sonnigen Augenblicke zunahmen und das Aufspüren immer freudvoller geschah, was sich in den Aufzeichnungen eindeutig spiegelte.

Das Experiment, das Stefan Klein in »Die Glücks-Formel« genauer beschreibt, zeigt, dass sich das normale Leben wie ein Mosaik aus vielen kleinen glücklichen Momenten zusammensetzt. Unsere Wahrnehmung von den mitschwingenden Befürchtungen zu säubern und mit den guten Momenten zu verknüpfen, ist ein Lernweg zum Glück.

Glück liegt im Tun

Mir erscheint wichtig, einen Aspekt der klassischen Philosophie auf dem Weg zu einer glückreichen Lebensgestaltung einzubeziehen. Aristoteles sieht das Glück des erfahrenen Menschen einerseits im »Schauen« und andererseits im erfüllten, Gesellschaft und Kultur beeinflussenden Tun. Glück setzt in jedem Fall die Tätigkeit der Seele voraus. Leben ist ohne Tätigsein nicht glückhaft und ohne Tun ist auch keine Erfüllung zu erreichen. Glück ist weniger ein Zustand als ein Bewusstsein, das durch Tätigsein in Gang kommt. Tätigkeit in Selbstbestimmung und Selbstbeschreibung mache das Glück des Menschen aus, sagt Aristoteles. Glück als Glückseligkeit ist nicht der Lottogewinn oder was der Würfel uns zu bescheren vermag, sondern das, was der Mensch mit Energie zu schaffen im Stande ist. Dieser als Prozess zu verstehende Vorgang, also ein den Anlagen des Menschen gemäßes Werden, an dem er aktiv mitgestaltet, muss als Ziel aufgefasst werden. Wir verstehen Glück also im Tun und keinesfalls im günstigen Zufall, was in der deutschen Sprache mit dem gleichen Begriff bezeichnet wird.

Glück ist kein Zufall

Seines Glückes Schmied sein

Dass die Gesundheit und eine ausreichende materielle Sicherheit sowie soziale Geborgenheit als Grundlage eines glücklichen Lebens gelten, ist eine Binsenweisheit. Aber es gibt eine Reihe weiterer (Glücks-)Faktoren, die wir leicht in unser Leben einbauen können, wenn das nicht schon längst geschehen ist.

In Umfragen zu Glücksempfindungen werden Freundschaft, Liebe, Partnerschaft, die Kernteile des privaten Lebens, zuerst genannt. Unabhängigkeit, Anerkennung und Freiheit folgen in einigem Abstand. Der Sammelbegriff »Freiheit« umschließt für die nicht mehr Berufstätigen Bereiche wie Zeitgestaltung, Pausenregelung, Hobby, Ehrenamt und die Entscheidung darüber, wie intensiv wir uns engagieren und wann wir uns abgrenzen. Sich frei fühlen, bei der Annahme oder Ablehnung von neuer Verantwortung, beeinflusst unser Wohlbefinden positiv. Machen wir uns bewusst, dass unsere demokratische Lebensform Freiheiten gewährt, um die in vielen anderen Ländern gekämpft wird. Dass in der Schweizer Bevölkerung eine überdurchschnittliche Lebenszufriedenheit herrscht, wird unter anderem auf die Teilhabe an politischen Entscheidungen und starken Mitwirkungsrechten zurückgeführt, die die Kantone und die Gemeinden ihren Bürgern gewähren.

»Freiheit« als Teil des Glücks

Mit dem Bild des Schmiedes wird auf Tatkraft angespielt. Die positiven Wirkungen des Tuns werden an zahlreichen Stellen dieses Buches erörtert. Jede gelungene Aktivität, die als Erfolgserlebnis zählt, ist gleichzeitig ein Baustein unseres persönlichen Glücks. Wer für das Überwinden von Alltagshürden ein kleines Belohnungssystem für sich einrichtet, macht es mit doppelter Wirkung richtig. Zu dem Erfolg kommt die vertiefte Freude, die eine positive Lebenseinstellung verstärkt.

Viele kleine Bausteine nutzen

Fast jede Beschäftigung mit dem Phänomen Glück erhält ihre Anschaulichkeit durch den Gegenpol. Oft wird das Glück nur erfahrbar, wenn man das möglicherweise eintreffen könnende Unglück daneben stellt. Angst, Schicksalsschläge oder Krisen bilden die Schattenseiten unseres Lebens. Um aus dieser negativen Gefühlswelt herauszukommen, bietet sich als natürlichstes und zuverlässigstes Mittel stets Aktivität an. Ob wir uns zum Sporttreiben entschließen, musisch-kreativ tätig werden oder uns sozial in einer Gruppe engagieren, unser Tun ist der Schlüssel zu einem höheren Lebensgefühl.

Richtig leben heißt bewegen und diese Bewegung ist nicht auf das Körperliche beschränkt. Alle gesunden Menschen besitzen die Chance, eine Initiative zu ergreifen, anstatt passiv auf das Glück als ein Geschenk zu warten.

Warten ist zu passiv

Als »des Glückes Schmied« haben wir die Verantwortung für den Wesenskern unserer Lebenseinstellung. Wer Wut, Hass, Neid und ähnliche negative Gefühle bei sich selbst weitgehend unter Kontrolle halten kann, wird »von der Welt eher geliebt«, das heißt besser behandelt. Unser eigenes Verhalten wird uns oft im Laufe des Lebens zurückgespiegelt, wie es sich in alten Spruchweisheiten nachlesen lässt. Jeder hat damit seine Erfahrungen und Beobachtungen gesammelt.

Sehr individuell sind die Ansichten darüber, wie hohe Lebensfreude in Glückserleben übergeht. Darum schließt dieses Kapitel mit einer Aufzählung von kleinen, aber selbst inszenierbaren Ereignissen, die durch unser Denken einen anderen Wert bekommen können. Je nachdem, ob beim Barfußlaufen auf einer Tauwiese, beim atmenden Riechen einer Petunie oder einer anderen Lieblingsblume, bei einem Genussbad nach einer körperlichen Anstrengung, beim innigen Hören einer zauberhaften Melodie, die uns die Harmonie des Universums ahnen lässt – es verändert sich unsere Fähigkeit, das Glück zu entdecken. Wer solchen Erlebnissen mit Achtsamkeit begegnet und dafür eine Antenne entwickelt, kann sich immer, wenn er nur aus dem Fenster schaut, an seinem – für andere unsichtbaren – Bild des kleinen Glücks erfreuen.

Selbst inszenierbare Kleinigkeiten

Unsere Zeit krankt daran,
dass es zu wenig Menschen gibt
und zu viele Leute
José Ortega y Casset

Lebensrückschau, -sinn und -perspektive

Max liebt »nostalgische Tagesfahrten«, wie er seine kleinen Reisen in die Vergangenheit nennt. Er besucht Orte, an denen er früher einmal gelebt hat, ohne sich dort mit jemand zu verabreden oder ein realistisches Ziel zu verfolgen. Er schlendert zu seiner alten Schule, zum Konfirmandensaal, zum Sportplatz oder zum Gebäude, in dem damals die Bücherei untergebracht war. Plötzlich tauchen vor seinem geistigen Auge Szenen auf, die sich früher dort ereignet haben. Max »spielt« Vergangenheit, was ihn friedvoll stimmt. Äußerlich passiert gar nichts.
Zum Abschluss dieser Besuche genießt er ein Glas Wein in einer Gaststätte seiner Jugendzeit. Gern führt er Gespräche mit anderen Gästen, um etwas über die Zeit zwischen damals und heute an diesen Orten zu erfahren.

Erlebtes sichten und sichern

Die Erinnerung ist eine milde Göttin:
Vergangene Freuden ruft sie dir zurück
und selbst vergangenes Leid lässt sie erscheinen
verklärt im Abendrotlicht fast wie Glück.
Daniel Sanders

Erinnern und erzählen

Über das eigene Leben zu sprechen, gehört zu den Grundbedürfnissen älterer Menschen. Diese Feststellung meint nicht Schwatzhaftigkeit. Ältere Menschen erzählen oft die besten Geschichten. Dieses Erzählenwollen kann drängend sein, wenn Tage mit ganz wenigen Kontakten zu bewältigen sind. Früher wurden alltägliche Erfahrungen einfach an den langen Abenden in der Familie weitererzählt. Das Medienzeitalter schränkt die Gesprächszeiten ein. Es ist schwerer geworden als zu Zeiten der Großfamilie, passende Gelegenheiten zum Erzählen zu finden.

Reden kann auch »Gold« sein

Richtig gut tun uns Stammtische, Kegel- oder Skatabende sowie sonstige Gesprächsrunden und vor allem natürlich Besuche von Freunden. Alle diese Treffen haben unter dem Blickwinkel der geselligen unterhaltsamen Kommunikation eine oft verkannte Bedeutung. Sie sind Teil einer Altenkultur ebenso wie Kneipenbesuche und Kontakte in anderen Begegnungsstätten.

Oft verdienten die bei diesen Treffen erzählten Geschichten und Anekdoten, festgehalten zu werden. Aber es ist schon wertvoll, wenn die Weitergabe mündlich erfolgt. Gerade angesichts des Vormarsches der Medien behält das lockere, zweckfreie Gespräch seine Berechtigung im Zusammenleben der Menschen. Fachleute wollen beobachten, dass sich diese Gespräche bei einem Teil der jungen Alten auf ein höheres Niveau zubewegen, hin zu einer Gesprächskultur neuen Charakters. Der insgesamt gestiegene Bildungsstand der heutigen Rentner und das neue Selbstverständnis werden als Ursache vermutet. Jedenfalls wachsen die Ge-

Es entsteht eine neue Gesprächskultur der Älteren

sprächsanteile, die Erzählen und Erinnern näher an den Begriff »Biografisches Erzählen« heranführen.

Erzählcafés

Das gemeinsame Erinnern gelingt am besten im Dialog und verträgt nahezu alle Themen. Da und dort werden aus »Seniorentreffs« »Erzählcafés«, was den Wandel auch in der Bezeichnung des Ortes genauer trifft. Man muss abwarten, ob sich »Erzählcafé« als neuer Sammelbegriff für bestehende oder noch zu gründende Gesprächsrunden, Freundes- und Ex-Kollegentreffen stabilisiert oder gar ausbauen lässt. Passende »Lokale«, die das Erzählbedürfnis eher im Rahmen der Altenkultur erscheinen lassen, können in Stadt- und Dorfarchiven, Bürgerhäusern und Bibliotheken gefunden werden, wo ein anregendes Ambiente herrscht. Eine gemütliche Gaststätte ist von Vorteil, weil Essen und Trinken die Gespräche fördern können. In Großstädten haben die Kirchen eine Pionierrolle bei der Einrichtung von Erzählcafés übernommen und stellen außer Räumen auch organisatorische Hilfen bereit.

Die Gründung weiterer Erzählcafés steht an

Diese Entwicklung hat gerade begonnen. Engagierte junge Alte finden »ein weites Feld«, auch gestaltend beim Einrichten weiterer Erzählcafés mitzuwirken.

Die Erinnerung ist das einzige Paradies,
woraus wir nicht vertrieben werden können.
Jean Paul

Jeder hat eine Lebensgeschichte

Die Beschäftigung mit den Spuren, die das Leben bei uns hinterlassen hat, können für die nachberufliche Zeit sehr interessant sein. Jeder hat eine Geschichte, die erst durch Erinnern und Erzählen sichtbar wird. Dabei werden teils verschüttete Ereignisse ausgegraben, die bei der Entwicklung unserer eigenen Persönlichkeit prägend mitgewirkt haben. Wir haben Entscheidungen getroffen, deren Bedeutung oder Richtigkeit erst aus der zeitlichen Entfernung beurteilt werden können. Wir

Verschüttete Ereignisse ausgraben

haben Freundschaften und Beziehungen geschlossen und wieder aufgelöst, die uns geformt und verändert haben. Die Gründung der eigenen Familie war ein Meilenstein. Wir haben Eltern, Geschwistern und Kindern Halt und Unterstützung gewährt und von ihnen Dank und Liebe erhalten. Dabei haben wir Erfahrungen gesammelt, die uns als Person reifen ließen. Wir haben Wohnungen gemietet, Umzüge organisiert, ein Haus gebaut. Wir waren und sind geschätzte Nachbarn. Viele mussten im Krieg oder auf der Flucht als Kind schwere Erfahrungen verkraften, haben Not und Armut kennengelernt und mit Anstand überwunden. Wir haben ein lückenhaftes und teilweise armseliges Schulsystem durchlaufen und einen ordentlichen Lebensweg zurückgelegt.

Vom einmaligen Reiz der eigenen Geschichte

Die Rückbesinnung auf Leistungen und Begegnungen, auf Erfolge und Niederlagen belegen unsere Einmaligkeit. Eine detaillierte Bilanz des Erlebten und des Geleisteten kann nur von uns selbst kommen. Liegt nicht ein gewisser Reiz darin, zunächst über die ganz private Lebensgeschichte nachzudenken? Eine auf diese Weise entstehende selbst geschaffene Plattform wird den Blick in die Zukunft öffnen und ordnen helfen. Es werden mögliche Ziele und Wünsche geweckt, die jetzt in der arbeitsfreien Lebensphase anders zu beurteilen sind als früher.

Das Zusammenstellen eigener Lebensspuren zu einer Lebensgeschichte eignet sich gut zu einem zwei- bis dreimonatigen Projekt »Biografiearbeit« am Beginn der nachberuflichen Zeit, zu dem im Folgenden ermutigt werden soll. Die Zeit, in der nur herausragende Persönlichkeiten eine Biografie hatten, gehört der Vergangenheit an. Heute wenden sich viele junge Alte mit berechtigten Gründen ihrer Lebensgeschichte zu. Unterschiedliches und vor allem Erstaunliches tritt dabei zu Tage.

Keine Memoiren

Fälschlicherweise wird oft von »Memoiren« gesprochen, wenn es sich um das Festhalten einer Lebensgeschichte, einer Biografie handelt. Der Begriff »Memoiren« ist einer literarischen Form vorbehalten, die zwischen Autobiografie und Geschichtsschreibung einen kulturellen oder historischen Anspruch erfüllt. Memoiren spiegeln eine ganze Epoche mit Großereignissen wider, die führende Persönlichkeiten der Politik, der Kunst oder der Wissenschaft erlebt haben. Wir kennen zum Beispiel bedeutende Lebenserinnerungen von Konrad Adenauer, Willy Brandt, Otto von Bismarck oder Charles de Gaulle. Künstler haben ihre Lebensgeschichten zu großen Kunstwerken oder gar zu Lebensbeichten ausgebaut. Die spannenden Lebensberichte etwa von Thomas Mann, Johann Wolfgang von Goethe, Pablo Picasso oder von Marcel Reich-Ranicki sind eine empfehlenswerte Lektüre.

Memoiren erinnern an Großereignisse

Genießen wir die Memoiren der wirklich Großen und probieren selbst, ob uns die Beschäftigung mit der eigenen Lebensgeschichte Freude bereiten und eine neue Erfahrung bringen kann.

Alles Schreiben ist für mich auch ein Lernen.
Heinrich Vormweg

Kleine Starthilfen zur Biografiearbeit

Man darf sich Zeit damit lassen, das Gelebte und Geleistete zu sortieren. Was über Jahrzehnte entstand, braucht zur Bearbeitung einen Anlauf. Einige methodische Anregungen sollen die Vorüberlegungen und Übungen, mit denen das Projekt »Meine Biografie« beginnt, erleichtern helfen.

»Meine Biografie« als Projekt

Beim Suchen und Freilegen der eigenen Lebensspuren können Inhalte und Schwerpunkte im Dialog oder individuell aufgedeckt werden. Eigene Sehnsüchte, Vorlieben, Gefühle und Meinungen bilden den »Stoff«, an den man beispielsweise mit folgenden Methoden herangehen kann:

- ▷ Das Zeichnen einer Lebenskurve von der Geburt bis zum Jetztpunkt ist ein leichter, aber interessanter Einstieg. Nur die Höhen und Tiefen, also die oberen und unteren Zacken dieser Lebenslinie werden beschriftet.

- ▷ Man kann eine Landkarte anlegen, die alle bedeutsamen Wohnorte und Wirkensstationen übersichtlich aufzeigen.
- ▷ Man kann alte Fotos aussuchen und chronologisch – zunächst lose – in ein leeres Heft oder ein Album einsortieren.
- ▷ Zeugnisse, Verträge oder vergleichbare Dokumente führen ebenso zu einem Gerüst für biografisches Arbeiten wie eine persönliche Zeittafel, die ganz nüchtern Jahreszahlen mit den Ereignissen verbindet.

Eugen Roth ist dafür bekannt, dass er viele kurze, treffliche Gedichte und Aphorismen geschrieben hat, die alle mit »Ein Mensch ...« beginnen. Tiefe Weisheit steckt zum Beispiel in dem Zweizeiler:
»Ein Mensch schaut in die Zeit zurück
und sieht – sein Unglück war sein Glück.«

Mit diesem Motto eigene Erfahrungen und Erlebnisse, bei denen wir das Glück zunächst gar nicht erkannt haben, aufzuspüren und aufzuschreiben, scheint mir eine sehr angenehme, wohltuende Einstiegsbeschäftigung zu sein, bei der manche dankbare Regung in uns aufsteigen kann. Empfehlenswert zum Fortgang dieser Beschäftigung ist es, kurze Lebensläufe und Biografien zu lesen, um eine Vorstellung zu entwickeln, welches die für uns passendste Form sein könnte.

Persönliche Merk- und Gedenktage herausfinden

Mit gezielten Fragen nach erlebten Großereignissen lassen sich weitere Erinnerungsspalten öffnen, wie zum Beispiel:

- ▷ Wie haben Sie das Kriegsende in Erinnerung?
- ▷ Was erinnert Sie an die Währungsreform?
- ▷ Wie und wo haben Sie die Mondlandung erlebt?
- ▷ Welche Songs und Lieder haben Sie wann bewegt?
- ▷ Gab es folgenreiche Auseinandersetzungen mit den Eltern, Partnern, Kindern?

▷ Schulwechsel, Schulentlassung, erste Berufskontakte, Hochzeitstag oder die persönlichen Gedenktage an Verluste dienen ebenso als Angel für den Teich der Erinnerungen wie nachhaltige frühe Erfolge, Glückstage oder Begegnungen mit bekannten Persönlichkeiten.

Auch Einrichtungen und Organisationen haben eine Biografie, zum Beispiel Vereine. Wo waren Sie Gründungsmitglied oder -zeuge und haben die Entwicklungsgeschichte einer Organisation miterlebt? Für solche Dokumentationen sind die örtlichen Archive sehr dankbar, weil sich die Spuren nach Jahrzehnten immer mehr verwischen und keine Zeitzeugen mehr erreichbar sind.

Archive sind an Dokumentationen interessiert

Diese kurzen Anstöße mögen genügen, um auf die reichhaltige Vergangenheit unseres Lebens hinzuweisen. Es ist eine einmalige Geschichte, die hinter uns liegt. Sie bietet Material für individuelle Bearbeitungen aus heutiger Sicht. Zum Festhalten muss man nicht unbedingt gut schreiben können; Tonband und Video bieten andere zeitgemäße technische Möglichkeiten.

Ob und wie Sie Ihre Lebensgeschichte gestalten, bleibt Ihnen überlassen. Zunächst ist diese Arbeit nur für uns selbst wichtig. Ob es sich lohnt, die Niederschrift mithilfe anderer zu veröffentlichen oder einem bestimmten Kreis von Menschen zugänglich zu machen, kann hier nur als Frage angestoßen werden.

Man muss nicht unbedingt gut schreiben können

Wer ernsthaft daran gehen möchte, seine Lebensspuren zu entdecken und zu verstehen, findet bei Hans G. Ruhe »Methoden der Biografiearbeit« (siehe Literaturliste, Seite 189) zusätzliche wertvolle Hilfen.

Vom Tagebuch zum Lebensbuch

Es kann ebenso hilfreich wie amüsant sein, beim Freilegen der Lebensspur noch vorhandene alte Tagebücher oder Poesiealben mit einzubeziehen. Diese persönlichen Quellen versetzen uns in die Lage, wieder in die Denkbahnen der damaligen Zeit einzutauchen und an tiefe Erinnerungsschichten heranzukommen.

Alte Tagebücher, Briefe und Alben

Viele Großeltern arbeiten ohne methodische Anleitung, aber dafür mit viel Liebe, an sogenannten »Lebensbüchern« für die Enkelgeneration. Lebensbücher halten die Ereignisse in großen Zeiträumen für ganz bestimmte Leser in der Familie fest. Ausgeschmückt mit Eintrittskarten, Fotos oder Ansichtskarten entstehen liebevolle Hinterlassenschaften für die Nachkommen. Andere treiben Ahnenforschung und erstellen mithilfe der örtlichen Archive oder Taufregister Familien-Stammbäume. Dazu ist eigentlich jeder in der Lage, wenn er seiner Familie oder seinem »Clan« in einer Zeitlinie zu einem deutlicheren Bewusstsein verhelfen möchte. Solche familienbezogenen Klärungen können ein willkommener Anlass sein, einmal ein großes Familientreffen einzuberufen.

Max besucht den Kurs »Erfüllter Lebensabend«. Er stöhnt leise, als der Kursleiter das Thema »Biografiearbeit« ankündigt. Beschäftigung mit dem eigenen Lebenslauf fand er immer eher lästig. Diese Einstellung verändert sich bei Max langsam, als im Kurs nach einem möglichen Fazit all dieser Wechsel, Umstiege, Krisen usw. gefragt wird. Max hatte es nie so gesehen, dass mit Klärungen der Vergangenheit auch der heutige Standort besser zu erkennen ist. Aus der Rückschau Schlüsse für die Zukunft zu ziehen, ist für Max neu.
Aus der angebotenen Methodenvielfalt wählt er diejenige aus, die geringen Arbeitsaufwand verspricht. Erdachte und wirkliche Zeitungsüberschriften sollen als roter Faden seines Lebenslaufs dienen.
Ziemlich fix stellt Max für die markanten Punkte seines Lebens einige Schlagzeilen zusammen. Diese Überschriften, chronologisch geordnet, werden mit Fotos, Bildern oder Karikaturen illustriert.
Max findet Spaß an dieser Arbeit und fügt das Material in einem schmucken Album mit dem ihm eigenen kreativen Geschick zusammen. Ein Lebenslauf in Bildern und Bildunterschriften im Schlagwortstil entsteht. Sein Engagement, an dieser Art Biografie zu arbeiten, erhält einen mächtigen Schub durch die Idee, dieses persönliche kleine Kunstwerk dem ältesten Enkel, der wiederholt mit »Wie-war-das-früher-Fragen« an ihn herangetreten war, zum Geburtstag zu schenken.

Die meisten Menschen sterben
als Kopie, während sie als
Original geboren sind.
Ernst Elias Niebergall

Fragen zur Identität

Wer bin ich eigentlich?

Die Beschäftigung mit unserer ganz persönlichen Vergangenheit kann auch das Interesse an der Frage wecken: »Wer bin ich eigentlich?« Da hat sich in den zurückliegenden Jahrzehnten eine Person entwickelt, der wir jeden Tag sehr vertraut im Spiegel ins Gesicht sehen. Was sagt dieses Gesicht über die Stärken und Schwächen, über Charakter und unverwechselbare Merkmale dieser Person aus? Wir haben bis heute einen Lebensweg zurückgelegt mit zutiefst persönlichen Entscheidungen, Kompromissen und Strategien. Welche Grundsätze und Leitlinien haben uns diesen und keinen anderen Weg gehen lassen? Inwieweit sind unsere Rede und unser Handeln identisch? Welche Rolle haben Lebenspartner, Beziehungen und unser engstes Umfeld dabei gespielt? Wie wichtig waren Ausbildung, Studium und die vollzogene berufliche Entwicklung? Alles, was als Basis oder Ursache an unserem »Werdegang« mitgewirkt hat, was unsere Identität ausmacht, kann jetzt als »Arbeit am Ich« unter die Lupe genommen werden. Alle individuellen lebensgeschichtlichen Ereignisse und Ergebnisse sind Teil der eigenen Identität.

Zur Identität speziell im Alter sagt Schopenhauer:
»Unter der veränderlichen Hülle seiner Jahre,
seiner Verhältnisse, selbst seiner Kenntnisse und
Ansichten, steckt, wie ein Krebs in der Schale,
der identische und eigentliche Mensch,
ganz unveränderlich und immer derselbe.«

Suche nach dem Lebenssinn

Das Bestreben, dem Dasein als Ganzes eine Bedeutung zu verleihen und einen Sinn zuzuschreiben, ist dem Alter gemäß. Eigentlich ist es der nächste Schritt nach der Lebensrückschau, jetzt den Fragen nachzugehen »Wozu das Ganze?« und »Was bleibt?«. Ein Resultat unseres Lebens ist die Lebenserfahrung. Sie ist quasi unser Besitz. Aus dem Schatz dieser Erfahrungen und Erkenntnisse können wir wertvolle Antworten auf die Sinnfrage herausfinden.

Lebenssinn lässt sich aus den unterschiedlichsten Lebensbereichen (Familie, Beruf, soziales Engagement) schöpfen, wenn wir uns diesem Bereich dauerhaft verpflichtet fühlen oder gefühlt haben und wenn wir diese Beschäftigung als ein Leitthema des Lebens oder eines großen Lebensabschnitts begreifen und sehr viel psychische Energie investiert haben.

So wird eine Frau, die sich ein Leben lang um das Wohlergehen ihrer Familie gekümmert hat, leicht feststellen können, dass »Familie« ein wesentlicher Sinn ihres Lebens war.

Ebenso können berufliche Erfolge oder manifeste Arbeitsergebnisse die Frage nach dem Lebenssinn beantworten, wenn das Leben weitgehend diesen Zielen gewidmet gewesen ist. Auch soziales oder staatsbürgerliches Engagement, wie zum Beispiel ein Leben für den Sport oder für eine politische Partei geführt zu haben, ist erfüllend.

Lebenssinn geht über den Sinn einzelner Handlungen weit hinaus. Die dafür bereitgestellte Energie zählt, nicht der Erfolg. In jedem Fall muss eine geistige Verankerung der Person zu den jeweiligen Inhalten vorliegen, wenn es um die Klärung der Sinnfrage geht.

Was bleibt?

Die Frage nach dem Lebenssinn kommt stets von innen und hat etwas mit der Sehnsucht nach einem inneren Frieden zu tun. Darum ist es auch legitim, die Suche nach dem Lebenssinn mit der Frage »Was bleibt?« ganz persönlich für sich selbst zu behandeln. Wenn wir den Charakter oder die Seele als das Wesentliche heranziehen, können wir prüfen, welchen Stellenwert zum Beispiel Geiz, Liebe, Zuversicht oder Misstrauen für uns haben und welche Gedanken diesbezüglich bei uns dominieren. Vielleicht ist es nicht ganz einfach, sich völlig neutral mit diesen Begriffen auseinanderzusetzen, weil wir als ältere Menschen Denkmuster als »Tatsachen« betrachten, weil sie uns auch schützen.

Lebenssinn im Alter

Wer aus der Zeit des sogenannten Ruhestandes einen neuen bedeutenden Lebensabschnitt machen möchte, kann sich der Frage nach dem Sinn des Alters zuwenden. Um das Alter als Krönung des Lebens zu erfahren, kann auch zwischen 60 und 80 Jahren noch ein neuer Lebenssinn gefunden werden. Jeder entscheidet selbst, was er verändern möchte, um mehr von der Sinnhaftigkeit seines Lebens zu erfahren.

Das Alter als Krönung des Lebens?

Für die Beschäftigung mit den Gedanken der Reifung und Selbstveränderung im Alter möchte ich drei Literaturhinweise geben. Zum einen beschreibt der Begründer der »Würzburger Schule der Kontemplation«, Willigis Jäger, unterschiedliche Zugänge zur Selbsterkenntnis über Wege des Loslassens, um neue Werte überhaupt entdecken zu können (siehe auch Seite 175).

Neue Werte entdecken ...

Der Wiener Altersforscher Leopold Rosenmayr stellt in dem von ihm herausgegebenen Band »Hoffnung Alter« den Lernbereich »Arbeit am Ich« zur Diskussion und fragt: »Wie heikel ist es denn, gereifte, lebenserfahrene Menschen auf eine Form des Lernens aufmerksam zu machen, bei der ihre Person zum Thema wird?« Er verweist auf Modelle einer Lebenskunst durch neue Sinnentwürfe.

... durch die »Arbeit am Ich«

Eine andere spannende Entwicklung im Alter umreißt Thomas Druyen in seinem Buch »Olymp des Lebens«, indem er auf späte Erneuerungsprozesse aufmerksam macht, die er als »zweite Reifung« bezeichnet. Dazu gehören die Entwicklung eines realistischen Optimismus und der Aufbau eines fürsorglichen Lebens. Fürsorgliches Leben verlangt, mehr Interesse für sich selbst und für andere aufzubringen.

»Viel zu theoretisch« ist der Kommentar von Max zu den Themen »Sinn des Alters« und der in Aussicht stehenden »Zweiten Reifung«. Er möchte, so lange es geht, mit beiden Beinen in diesem Leben stehen und sich nützlich machen. Mit dem Wunsch auf Bestätigung seiner Ansicht wendet er sich an Eva.
Nach kurzer Überlegung gibt sie zu bedenken: »Sind Dir diese Gedanken wirklich zu schwer?« »Nein, aber so völlig ungewohnt und überflüssig.« »Willst Du damit sagen, dass wir uns nur mit dem Heutigen beschäftigen sollen? Wir müssen doch auch für das Kommende gerüstet sein.«

Blicke nach vorn

Das Alter zählt zu den Realitäten, von denen wir uns am wenigsten eine Vorstellung machen können.
Marcel Proust

Die Perspektive: In Würde altern ...

Trotz der Zusage auf ihre Unverletzlichkeit (Artikel 1 des Grundgesetzes) gerät die Würde des Menschen im Getümmel der Geschäfts- und Arbeitswelt gelegentlich ins Hintertreffen. Umso mehr ist die nachberufliche Zeit für dieses Thema relevant, weil gerade dieser Lebensabschnitt derjenige ist, in dem sich dieser Anspruch verwirklichen und erhalten lassen soll. Nach einem geordneten Leben, in dem jeder nach seinen Fähigkeiten zum Gemeinwohl beigetragen hat, muss ein Altern und Sterben in Würde selbstverständlich sein. Junge, alte oder hochbetagte Alte sollten in einem sozialen Gefüge leben, in dem sie anerkannt, integriert und in jeder Hinsicht versorgt sind.

Würde als sozialer Gradmesser der Gesellschaft

Trotz einer gewissen Kälte in unserer Gesellschaft, trotz schrumpfender öffentlicher Mittel und nicht ausreichendem Personalbestand in den Wohlfahrtseinrichtungen unterschiedlicher Trägerorganisationen muss sich unsere Gesellschaft daran messen lassen, ob und wie human die Wege aus dem Leben praktisch ausgelegt bzw. geregelt sind.

Gelegentliche Beschwerden von Angehörigen, Berichte und Reportagen in den Medien sowie selbstkritische Analysen von Insidern lassen vermuten, dass im Umfeld von Altenpflegeheimen, Altenheimen und Krankenhäusern (Intensiv- und Sterbestationen) Missstände und Überforderungen zur Tagesordnung gehören. Dabei darf keine allgemeine Abwertung dieser Dienste aufkommen; die Ursachen der Missstände scheinen struktureller Natur zu sein. Ambulante Dienste und familiäre Hilfen können die stationären Aufenthalte lange Zeit aufschieben oder ganz vermeiden. Weniger als fünf Prozent der Über-85-Jährigen leben in Heimen.

Eigene Vorleistungen

Schauen wir uns an dieser Stelle an, welche persönlichen Eigenbeiträge zu leisten sind, um eine von uns selbst gestützte Würde im Alter so lange wie möglich aufrechtzuerhalten; zum Beispiel:

- ▷ täglich den Willen aufzubringen, Haltung zu bewahren,
- ▷ den körperlichen Abbau stilvoll zu akzeptieren,
- ▷ die daraus resultierenden Misserfolge aufrecht zu ertragen,
- ▷ die Ängste zu bewältigen,
- ▷ eine transzendierende Beziehung, zum Beispiel zu Gott, aufzubauen und
- ▷ die Bereitschaft, die noch funktionierenden Fähigkeiten zu trainieren.

Aus einer Reihe von Diskussions-Plattformen, vor allem in Nordrhein-Westfalen, ist eine Initiative »In Würde altern« entstanden. Eine der führenden Botschafterinnen ist die Schauspielerin Simone Rethel-Heesters. Sie appelliert an alle Älteren, täglich mindestens eine Fähigkeit im geistigen oder körperlichen Bereich gezielt zu trainieren. Nur durch eiserne Disziplin sei dem vorzeitigen Verfall der Kräfte zuverlässig zu begegnen. Die Arbeit dieser Initiative wird vor Ort mit den Ärzten und Therapeuten nach den Erkenntnissen der Alterswissenschaft abgestimmt und bezieht Angehörige und Pflegepersonen mit ein.

Zukunftsaufgabe: Pflegestationen entlasten

Durch das Zusammenarbeiten von Einzelnen oder Gruppen mit dieser oder ähnlich orientierten Initiativen werden die Pflegestationen entlastet und es kann eine bessere Versorgung von Kranken, Isolierten und Alterspflegebedürftigen erreicht werden. Vielleicht ist in Zukunft eine Verknüpfung mit dem Konzept »Senior-Trainer« herstellbar (siehe Seite 124). Darüber haben die politisch Verantwortlichen zu entscheiden.

Für eine unbekannte Zahl der noch suchenden jungen Alten, in diesem Bereich möglicherweise selbst pflegerisch oder informierend, politisch oder organisatorisch tätig zu werden, liegt eine Chance für einen neuen Lebensinhalt. Neben dem Erlebnis, die beglückende

Rückkehr brachliegender Kräfte in uns wieder zu spüren, wirkt derartiges solidarisches Handeln »wärmend« auf das politische Klima in unserem Land.

Wohnalternativen

Gar nicht selten höre ich den Satz »Später möchte ich in einer Wohngemeinschaft leben, um gegen Einsamkeit und die Folgen von Gebrechlichkeit besser gewappnet zu sein.« Diesem Bedürfnis entsprechende Wohnformen gibt es bereits an vielen Orten, so dass hier das Thema nur gestreift werden soll.

Wenn Familienangehörige weit weg sind

Immer wenn die Familie weit weg oder gar nicht vorhanden ist, stellt sich das Problem der vorsorglichen Wohnüberlegung im höheren Alter. Zwei Alternativen (nach Theresia Rupflin) werden kurz vorgestellt:

▷ Die auf gute Nachbarschaft fußende **Senioren-Familie** sieht vor, dass jeder in seiner bisherigen Wohnung bleibt und einem Kreis, der sich im Wohnviertel zusammenfindet, angehört. Das Modell der »Senioren-Familie« vermittelt Sicherheit und Geborgenheit, leistet gegenseitige, praktische und soziale Unterstützung und bereitet auf Ernstfälle vor. Es werden alle Hilfen und Erfahrungen ausgetauscht, wie es in engen, gut funktionierenden Nachbarschaften üblich ist. Es können an einem Ort mehrere Gemeinschaften bestehen, die untereinander im Kontakt sind.

Familienähnliche Nähe schaffen

▷ **Wohngemeinschaften** unter Älteren oder mit gemischter Altersstaffelung sind stets ein aktuelles Thema, weil familienähnliche Nähe verschiedener Menschen immer mit viel Lebendigkeit verbunden ist. Entscheidend für die Lebensqualität bei dieser Wohnform ist die Rückzugsmöglichkeit. Diese unterschiedlichen selbst organisierten Modelle können sich über mehrere Wohnungen und Häuser erstrecken. Noch wichtiger als klare Regelungen über die Rechte und Pflichten der einzelnen Mitglieder ist ein gemeinsames Management für den Alltag, der Kochen, Essen, Ruhe, Hobby und Garten in verträglichen Bahnen lenkt.

Oft vereinen diese WGs gemeinsame politische oder weltanschauliche Ziele, was das Zusammenleben erleichtert und stärkt. Nach Elisabeth Niejahr geht ein aktueller Trend zu den WGs, die den Heimaufenthalt oft um Jahre hinausschieben. Sie erwähnt eine Umfrage des Kuratoriums Wohnen mit den Kernaussagen »Hilfe nur, wenn ich sie brauche, ansonsten keine Abgrenzung, sondern Teil der Gesellschaft bleiben«.

Das USA-Modell »Sun-City«

Das Modell »Sun City« in Arizona, eine 60.000 Personen-Siedlung der Über-55-Jährigen, ist für die Deutschen offenbar kein Vorbild. Die selbst gewählte Umzäunung des Ortes führt zu einer aus europäischer Sicht nicht gewollten Isolation der Bewohner.

Es ist davon auszugehen, dass Wohngemeinschaften in der Zukunft die Fantasie der Architekten zunehmend beschäftigen werden. Modelle, bei denen alle Generationen zusammenleben, haben sehr positive Ergebnisse zu melden, so dass dieser Wohnform beste Perspektiven offenstehen. Ältere müssen jedoch für sich selbst prüfen, ob sie entsprechende Erfahrungen haben und für das Leben in WGs geeignet sind. Wer kein Faible für Gruppen hat, sollte diese Abenteuer lieber meiden.

Eigene Gruppenfähigkeit testen

▷ Mit der Entwicklung von **Mehrgenerationenhäusern** als Treffpunkt in der Gemeinde für den Austausch unter den Generationen macht man in Niedersachsen gute Erfahrungen. Sie stellen ein interessantes Zukunftsmodell dar, bei dem der Zusammenhalt der Generationen aktiv gepflegt wird. Sowohl die gegenseitige Unterstützung, die Weitergabe von Erfahrungen, wertvolle Erziehungsvarianten durch das Vorhandensein von Leih-Omas zum Vorlesen und Leih-Opas zum Reparieren von Spielsachen oder zum Spaziergang werden dort geleistet. Diese Begegnungs- und Austauschmöglichkeiten von Jung und Alt gibt es mit örtlich erwünschten Schwerpunkten (Stilltreff für Mütter, Seniorenbildung, Beratung für Trennung, Scheidung usw.) meistens mit einem selbst betriebenen »Café Mobile«.

Ein viel versprechendes Zukunftsmodell

Generell gibt es Informationen bei der für Seniorenfragen zuständigen Stelle der Sozialverwaltung der Kommunen. Ein Tipp darf nicht fehlen: Wer eine passende, würdevolle und qualitätsreiche Wohnalternative für sich selbst sucht, sollte so früh wie möglich damit beginnen. Auch hier gilt: Rechtzeitig aktiv werden ist aussichtsreicher als warten, ob etwas geschieht.

»Eigentlich ist unsere Wohnung viel zu groß für uns zwei von den Kindern Zurückgelassene«, meint Eva. »Aber wir sind hier nicht unzufrieden und gut eingewohnt«, erwidert Max. »Ja, gut eingewohnt und im Begriff, bald etwas träge und spießig zu werden«, drängt Eva weiter. »Hör' doch mal, was ich gerade lese.« Eva zitiert eine Passage von Christine Brückner aus ›Die letzte Strophe‹: »Hier ist Platz für eine Menge Leute. Wenn man nicht verwandt ist, kann man noch besser zusammenleben, da nimmt man mehr Rücksicht. Richtig neu anfangen, das hat man sich ja schon manchmal gewünscht. Und wenn man eines Tages nicht mehr so recht kann, ist jemand da, der sich um einen kümmert. Ich würde auch jemand im Rollstuhl fahren, da weiß man doch, wofür man da ist. Über so was denke ich jetzt oft nach.«
Die beiden kommen überein, erst einmal gründlich zu recherchieren und die Kinder erst später mit ihren Zukunftsplänen zu überraschen.

Die Neigung des Menschen, kleine Dinge für wichtig zu halten, hat sehr viel Großes hervorgebracht.
Georg Christoph Lichtenberg

Seniorengenossenschaften

Selbst organisierte Netzwerke

Eine sehr anregende Möglichkeit, für die eigene Zukunft vorzusorgen, ist die Beteiligung an oder die Gründung einer Seniorengenossenschaft. Es handelt sich um selbst organisierte Netzwerke, denen man stundenweise Dienstleistung anbietet, zum Beispiel Wohnungsrenovierung, Einkaufen, Garten- oder Schreibarbeit. Für die erbrachten Leistungen erhalten die Mitglieder Zeitgutschriften in Form von Punkten. Aufgrund der so entstehenden Punktegutschrift kann man bei eigenem Bedarf Hilfe von anderen Mitgliedern in Anspruch nehmen.

Diese Form der Tauschbörse, mit der man irgendwann benötigte Leistungen anderer »gebucht« hat, dient so nebenbei der Erweiterung des Bekannten- und eventuell Freundeskreises. Die aus den USA stammende Idee verstärkt die Solidarität und ist eine Art Versicherung auf Partnerschafts-Basis. Durch die Kontakte und diese Art der Aktivität verbessert sich das soziale Klima am Ort spürbar.

Die ersten Seniorengenossenschaften in Deutschland entstanden 1991 in Baden-Württemberg. Beispielhaft dafür ist die Entwicklung im hessischen Offenbach, wo die Seniorengenossenschaften heute kreisweit zur sozialen Infrastruktur gehören. In Anbetracht der demografischen Veränderungen erhält eine stete Offenheit zur laufenden Verjüngung der Mitglieder ihre Berechtigung (weitere Informationen über: Bundesarbeitsgemeinschaft der Senioren-Organisationen e. V., siehe Seite 190).

Es wird vielleicht auch noch die Todesstunde
uns neuen Räumen jung entgegen senden.
Des Lebens Ruf an uns wird niemals enden …
Wohlan denn, Herz, nimm Abschied und gesunde.
Hermann Hesse

Stirb und werde

»An Ostern sind es genau 40 Jahre her, dass wir uns kennen«, resümiert Max.
»Ja und drei Jahre später sind wir uns einig geworden, es als richtiges Paar mit einander zu versuchen. Eigentlich können wir dankbar sein, es war – mit allen Höhen und Tiefen – doch eine schöne Zeit«, ergänzt Eva.
»Wieso war?«
»Nun, über die Zukunft wissen wir nichts. Irgendwann in den nächsten 20 Jahren wird unser gemeinsames Leben vermutlich zur Neige gehen. Der Tod begrenzt jedes Leben. Diese Gewissheit mahnt uns, die gegebene Zeit bewusst zu gestalten.«
Mit etwas aufgesetzter Lockerheit erörtern Max und Eva noch einige Einzelheiten über die letzte Lebensphase. Unauflösbar hängt die schwere Frage über ihnen: Wer von uns beiden geht wohl zuerst …?

Schlussgedanken

Kultur hilft, Vergänglichkeit zu ertragen und zu überwinden.
Gabriele Wohmann

Die reale Zukunft erwartet von uns einen aktiven Umgang mit Abschied, Tod und Verlust. Niemand in der Generation der jungen Alten kann Leiden und Tod ausschließen; jeder muss diese Welt einmal verlassen. Krankheiten – eigene oder die der anderen – tangieren diese Lebensphase viel häufiger als in früheren Jahren.

Wenn diese Themen erst im abschließenden Kapitel auftauchen, liegt das daran, dass das vorliegende Buch eine ermutigende Schrift ist, die vor allem positive, optimistische Gedanken fördern möchte. Das Kleinhalten der Schattenseiten des Lebens gehört quasi zum Konzept, darf aber nicht mit Tabuisierung oder Ignoranz verwechselt werden.

Krise als Chance

Signale einer Krise

Mehr als ein Drittel befragter älterer Menschen bekundet, dass sie die jetzige Lebensphase als die schönste empfinden. Wir wollen hier trotzdem einmal die dunklen Seiten unter die Lupe nehmen. Die bleiernen Tage mehren sich, egal ob die Ursache von innen oder von außen kommt. Schwindende Lebensfreude und bislang unbekannte Antriebslosigkeit sind mögliche Signale für das Aufkommen einer Krise.

Das chinesische Schriftzeichen für Krise (Gefährdung) weist in einer weiteren Wortbedeutung sofort auf die Gelegenheit zur Chance hin. Bei uns gelten Krise und Chance auf den ersten Blick als Gegensatz. Aber nach kurzem Nachdenken wird klar: Wenn wir uns aus eigener Kraft aus einer Krise befreien wollen, müssen wir auf andere Formen des Denkens, Fühlens und Handelns hinarbeiten. Krisen sind Aufforderungen zur Veränderung. Positiv ausgedrückt ist die Bedrohung der Normalität eine »Entwicklungskrise«, die einen neuen gedanklichen Standpunkt erfordert und der Fortent-

Nur eine »Entwicklungskrise«?

wicklung dient. Wir müssen etwas hinter uns lassen, um die neue, besser passende Perspektive zu sehen. Selbstfindung und Neuorientierung lösen gerade im Alter soziales Wachstum und neues Selbstvertrauen aus, was wiederum einen wichtigen Teil der Alterskompetenz ausmacht.

Über den Umgang mit Lebenskrisen hat Erhard Meueler ein mehrfach neu aufgelegtes Buch mit dem Titel »Wie aus Schwäche Stärke wird« geschrieben. Nach einer Beschreibung der sozialen und persönlichen Ursachen von Krisen liefert er ein regelrechtes Arbeitsprogramm zur praktischen Krisenbewältigung, das die Fantasie anregt und die psychologischen Zusammenhänge auch für Laien gut verständlich darstellt. Das Buch hat sich als Lebensbegleiter – auch bei mir – bestens bewährt.

Wie aus Schwäche Stärke wird

Wer andere kennt, ist klug,
wer sich selbst kennt, ist weise.
Wer andere überwindet, ist stark,
wer sich selbst überwindet, ist mächtig.
Lao Tse

Loslassen und vergeben

Auch wenn kein Umzug bevorsteht, wird uns manchmal bewusst, wie viel Gerümpel wir aufbewahren. Es müssen auch keine »Leichen im Keller« sein, die uns sinnlos über Jahre begleiten und Platz für Bewegungsräume einschränken. Der Schritt, eine Entrümpelung zu beginnen oder zu organisieren, fällt schwer, ist aber trotzdem empfehlenswert, weil frische Luft und Raum für Neues unserem Leben positive Impulse geben können. Es ist überlegenswert, ob wir das eine oder andere wertvolle »Erbstück« nicht schon jetzt in sachkundige jüngere Hände geben, um das Loslassen mit kleinen Dingen zunächst zu üben. Größere notariell geordnete Schenkungen an die nächste Generation können für beide Seiten materielle und emotionale Vorteile nach sich ziehen.

Nicht nur die Wohnung entrümpeln

Die wunderbare Wirkung aktiv eingeleiteter Versöhnung

Das Thema Loslassen kann und soll auch tiefer verstanden werden. Jeder hat beglückende Erfahrungen mit dem Auflösen von Streit oder lange zurückliegenden Zerwürfnissen. Anderen eine Schuld wirklich vergeben können, hat immer eine befreiende Wirkung für uns selbst. Vertreter der Heilberufe führen eine große Zahl von Beschwerden wie Kopf- und Rückenschmerzen auf schwelende zwischenmenschliche Konflikte zurück. Wie ein Wunder wirken aktiv eingeleitete Versöhnungsakte bei Feindschaften auf das körperliche und seelische Wohlbefinden. Die Entlastung beginnt oft bereits mit dem ersten Schritt oder bei der gedanklichen Wende.

Es ist nie zu spät, gegebenenfalls auch mit sich selbst, bzw. einem »harten« Thema, einen Versöhnungsfrieden zu schließen. Das Entrümpeln von innerem Ballast wirkt noch wesentlich befreiender als das Ausmisten von Keller oder Speicher.

Abschiedlich leben

Vorsorge für den Tod treffen

Abschiede von uns ganz nahe stehenden Menschen, sei es durch Trennung oder Tod, gehören zu den am schwersten zu bewältigenden Problemen in jedem Alter. Bei aller Lebensfreude, die im letzten Lebensdrittel durch diese Schrift ausdrücklich gefördert werden soll: Es wäre naiv, bei den Gedanken an die Zukunft nicht auch an den Tod zu denken.

Lange vor unserer Zeit haben Menschen Worte für Trauer und Trost gefunden. Worte, die uns dann helfen können, wenn wir in die ganz große Bedrängnis geraten. Es sind Worte, die uns die Situation ohne Schonung deutlich machen, aber auch zeigen, dass wir nicht verzweifeln müssen. Solche Texte finden wir in ungezählten Werken der Literatur. Die Bibel und das Schrifttum der großen Religionen versprechen Trost an vielen Stellen. Auch Musik kann tröstliche Erbauung vermitteln.

Nur, wir werden in den Stunden der größten Not diese Passagen nicht finden, wenn wir uns nicht vorher kundig gemacht haben und ein Buchzeichen oder einen Merkzettel in das Hilfe versprechende Werk gelegt haben. Dieses Vorher ist jetzt! Jeder hat die Chance, eine die Not lindernde Vorsorge zu treffen, so lange es ihm gut geht. Wer mit einer gewissen Regelmäßigkeit auf die Begegnung mit dem Tod hinarbeitet, weiß, was »abschiedliches Leben« bedeuten kann. Die Auseinandersetzung mit dem Tod muss nicht angstbesetzt sein, solange man auf seine Kräfte der inneren Balance zurückgreifen kann.

Meditation zur Stärkung der Widerstandskräfte

»Abschiedlich leben« ist eine erlernbare Meditation im Alltag, bei der wir uns übenderweise vorausschauend auf »das Schwere« in der Zukunft einstellen. Dieses Üben stärkt unsere Innenkräfte und die Gelassenheit. Dabei darf das alltägliche Leben keine Eintrübung erfahren. Ähnlich wie ein Sportler regelmäßig sein Training absolviert und anschließend in das normale Leben zurückkehrt, können wir »abschiedlich leben« trainieren. Der Sportler nimmt neben dem Training an den Freuden des Lebens teil, wie alle anderen. Er trainiert in dem Bewusstsein, etwas Nützliches für sein Leben, für seine Gesundheit zu tun. Wer »abschiedlich leben« lernen möchte, muss die Disziplin nicht für eine Trainingseinheit aufbringen, sondern für eine freiwillige geistige Einkehr. Anschließend weiß er, etwas Nützliches für seine psychische Belastbarkeit, für den Umgang mit dem Tod getan zu haben. Dabei ist es fast unerheblich, ob der eigene Tod oder der Weggang eines geliebten Menschen den Inhalt der gebetsähnlichen Meditation darstellt. Regelmäßig wiederkehrende mentale Übungsstunden mit abschiedlich stimmenden Gedanken wecken die Widerstandskräfte und vermindern die irgendwann nicht auszuschließende Erschütterung beim Eintreffen des Schicksalstages.

Den Krebs denken

Den Krebs,
einen schweren Unfall,
den eigenen Tod
DENKEN.

Das Außergewöhnliche
und Abschiede
SPÜREN.

Übergang und Loslassen
als tägliches Gebot
TRAINIEREN.

Ein Weg zum veränderten Sehen:
Nicht klagen oder schreien.
AUSHALTEN.

Noch mehr aushalten.
Es tut nur weh,
weil wir
LEBEN.

»… Gutes und Barmherzigkeit werden mir folgen mein Leben lang …«, nur wenn Eva alleine ist, spricht sie den 23. Psalm laut. Dieser ermutigende Text soll das Zimmer ganz ausfüllen und ihr Geborgenheit geben für schwere Tage in der Zukunft. Eva steht fest im christlichen Glauben. Sie kennt keine Todesangst. Nur vor dem Sterben fürchtet sie sich ein bisschen, weil da noch Schmerz dabei sein kann, sagt sie aufrichtig wie ein Kind.
»... und ich werde bleiben im Hause des Herrn immerdar!«, beendet sie gestärkt den Psalm vom guten Hirten.

Lehre uns bedenken, dass wir sterben müssen,
auf dass wir klug werden.
Psalm 90,12

Krankheit und Tod

Die Auslegungen verschiedener Religionen deuten an, dass das Leben eine lange Vorbereitungszeit auf ein Leben nach dem Tod sei. Auch die christliche Lehre sagt das. Die langsame Schwächung des alternden Körpers, das Nachlassen früherer Fähigkeiten durch die Zeit oder Krankheiten führen letztendlich zum Tod. Diese Tatsache darf nicht dazu führen, krank machende Angst vor dem Ende des Lebens zu entwickeln oder negatives Grübeln einreißen zu lassen.

Einschränkungen des Alters akzeptieren

Zu einem altersgemäßen Lebenskonzept gehört es, die Alterseinschränkungen zu akzeptieren, weil sie so besser zu bewältigen sind. Mit der Empfehlung »Abschiedliches Leben« gedanklich zu trainieren, so lange es uns noch gut geht, ist eine mentale Vorsorge genannt. Angesichts einer schweren Krankheit, die möglicherweise unser Leben beendet, wird es schwer, am positiven Denken festzuhalten. Wir können hoffen, dass die Schmerzversorgung geregelt sein wird. Über unseren geistigen oder psychischen Zustand wissen wir im Vorhinein nichts.

Krankheit macht einsam. Das Netz von Freunden wird kleiner. Über die eigenen Krankheiten zu sprechen, ist eine der sichersten Strategien, sie zu ertragen, auch wenn eine Heilung sehr infrage gestellt werden muss. Leiden bringt uns Gott näher. Wir wissen nicht, wie lange der letzte Leidensweg dauern kann. Für Gläubige kann das einfache Vaterunser-Gebet Hilfe und Erleichterung bringen. Wer mit eigenen Worten beten kann, wird in der Endphase des Lebens nicht mehr die volle Befreiung von der Krankheit erbitten. Solange uns durch die Kraft des Betens ein Gefühl zuströmt, dass wir immer ein bisschen stärker sein können als der aktuelle Schmerz, wird ein hoher menschlicher Anspruch erfüllt: Wir werden mit Würde in die letzten Tage oder Stunden gehen.

Die Kraft des Betens

Ein Abschied ist die Geburt der Erinnerung.
Salvador Dali

Trauer und Trost

Es werden Anlässe zur intensiven Trauer in unser Leben kommen. Todesnachrichten erinnern nicht nur an die Zeitlichkeit unseres Hierseins. Sie vermitteln schwerste psychische Schmerzen, weil vieles nicht mehr so sein kann, wie es einmal war. Es gibt keinen Ausweg, keine Flucht, wir müssen uns der Trauer stellen. Die Trauer verläuft nach der Ärztin und Sterbeforscherin Elisabeth Kübler-Ross (1926 – 2004) in mehreren Phasen.

Die Phasen der Trauer

Zunächst wollen wir nicht wahrhaben, was passiert ist. Als Zweites fragen wir immer wieder verzweifelt, warum ich, warum jetzt? Diesen Zeichen des Wehrens gegen die Realität folgt eine Phase der chaotischen Gefühle, in der sich neben Trauer und Schmerz auch Wut und Enttäuschung gegen den geliebten Verstorbenen richten. Wie konnte er/sie mich jetzt verlassen, mir das antun? Zwischen diesen Phasen mit hoher Tendenz zur Verzweiflung melden sich in kürzer werdenden Abständen erste Regungen des Verstehens: Die ganze Tragweite des Verlustes und die Unumkehrbarkeit dieses Schicksalsschlages werden realistisch erfasst. Erst im Fortgang dieser prozessualen Entwicklung kann das

Eva ist eine sehr geschätzte Trösterin. Sie beobachtet gut und kann Lebensereignisse und menschliche Wirrnisse nicht nur »lesen«, sondern auch ordnen. Was sie daraus folgert, schafft Klarheit. Durch ihre ruhige, fast beschwörende Stimme verwandelt sie Sprüche in Gewissheiten. Auf diese Fähigkeit angesprochen, sagt sie nur ausweichend: »Manchmal habe ich Ahnungen, über deren Ursprung ich nichts weiß.«
Auch mit Max will sie darüber nicht sprechen, er wundert sich über ihre unerschütterliche Zuversicht kaum noch und hält Eva immer wieder für eine starke, zupackende und manchmal wundersame Frau.

Akzeptieren des Vorgefallenen beginnen. Der erste Tag mit dem Gedanken »nicht immer nur im Leid herumzuwühlen« kann der Beginn der Trostphase sein.

Religiöse und nichtreligiöse Trostformen laufen zusammen bei der Zeit, der größten Trösterin. Der Verlust wird, trotz allem Schmerz, handhabbar. Bei der unendlichen Vielzahl an individuellen Verläufen des Trostes helfen professionelle Trauerpädagogen, ruhige Naturbeobachtung, besinnliche Kunstereignisse sowie Trostgespräche mit guten Freunden. Wer um seine Fähigkeit weiß, Trost sprechen zu können, auch ohne dies durch eine entsprechende Ausbildung gelernt zu haben, sollte gezielt davon Gebrauch machen.

Glaubensfragen

Glaube geht über das Religiöse hinaus

Glauben heißt, etwas annehmen, was nicht sicher ist. Glauben ist ein wichtiges Element im Leben der Menschen, das im Alter noch an Bedeutung gewinnen kann. Glaube meint nicht ausschließlich religiöse Gebundenheit und geht über das Religiöse hinaus. Zur Bewältigung einer schwierigen Situation ist die Fähigkeit zu glauben oft der entscheidende Faktor, was sich bei lebensbedrohlichen Krisen und Krankheiten bestätigt hat. Eine Studie der US-amerikanischen Hausärzte ergab, dass glaubensstarke und religiöse Menschen schneller gesunden. Heilungen, die nicht alleine medizinisch zu erklären sind, wurden häufiger bei Menschen mit einer festen religiösen Überzeugung festgestellt.

Als eine Folge der 68er-Bewegung, die die Gesellschaft der Bundesrepublik in vielfältiger Weise verändert hat, ist zu beobachten, dass es als ein Zeichen aufgeklärter, intelligenter Lebensführung gilt, Gott nicht beim Namen zu nennen. Wie oft drückt dieses Offenlassen und Nichtbekennen auch Unsicherheit aus? Neben den entschieden Gläubigen treten überzeugte Atheisten an die Öffentlichkeit. Eidesformeln können mit und ohne Glaubensbekenntnis geleistet werden. Neuerdings äußern wissenschaftlich orientierte Denker, beim schrittweisen Erfassen des Universums, ohne eine Gott ähnliche Instanz nicht mehr auszukommen. Pseudoreligiöse Elemente nehmen im öffentlichen Leben wie im privaten Umgang zu.

Der deutsche Papst

Ohne Zweifel belebt ein deutscher Papst das geistliche Leben in unserem Land. Der frühere Kardinal Ratzinger hat sich (als 78-Jähriger!) schnell und eindrucksvoll in die neue Rolle begeben. Einen aktuellen Schwerpunkt seiner Aufgaben sieht er darin, der geistigen und geistlichen Ödnis der Moderne entgegenzutreten. Da er dabei eine andere Weltordnung anstrebt, öffnet er das Denken für ein Suchen nach neuen Orientierungen.

Wer an erweiternder Religionsarbeit interessiert ist, findet an Hochschulen und im Rahmen der kirchlichen Erwachsenenbildung laiengerechte Angebote. Bei dieser Suche überschreiten wir die Grenzen des früher erlebten eindimensionalen Religionsunterrichts.

Erweiternde Religionsarbeit an drei Beispielen

Als öffentliche Zeichen des Wandels sehen wir die Popularität des **Dalai Lama**, der buddhistisches Gedankengut ganz in die Nähe des Christentums bringt. Der Theologe **Hans Küng** gilt als Initiator des »Weltethos«, einer Plattform, die jede einzelne Person und jede Glaubensgemeinschaft in den unterschiedlichen Kulturen aufruft, seinen Teil der ethischen Verantwortung in der modernen Welt zu übernehmen. Er appelliert, aus den großen Welt-Religionen die übereinstimmenden Elemente an Frieden, Menschenwürde, Ordnung und Freiheit herauszusuchen und danach zu leben. Eine Annäherung durch Information an den **Islam** scheint aus politischen Gründen geboten.

Glaubensfragen sind ein sehr gutes Beispiel für unsere freiheitliche Gesellschaft, die jedem sein ganz persönliches Verhältnis zu den »überirdischen Dingen« lässt. Meine Empfehlung will diese persönliche Freiheit keinesfalls einschränken, wenn ich frage »Wann haben Sie das letzte Mal über Ihr Verhältnis zum Glauben nachgedacht?«

Unser Bild von den metaphysischen Zusammenhängen

Zur Klärung der Frage, woran wir ganz persönlich glauben, bedarf es nicht des Studiums religions-philosophischer Werke oder Gespräche mit Experten. Im Rahmen der Schlussgedanken möchte ich lediglich anregen, zu überprüfen, ob das Bild, das wir von den metaphysischen Zusammenhängen haben, noch Bestand hat und ob es uns Hilfe sein kann.

Und so lang du das nicht hast,
Dieses: Stirb und werde!
Bist du nur ein trüber Gast
Auf der dunklen Erde.
Johann Wolfgang von Goethe

»Prinzip Hoffnung«

In diesem Buch wurde immer wieder die Macht des Geistes über den Körper beschworen. Wie zwei Geschwister bilden Glaube und Hoffnung ein Bollwerk gegen menschliche Schwäche und Verzweiflung. Hoffnung lässt uns besser gegen Aussichtslosigkeit ankämpfen, wenn es nötig wird. Starkes Hoffen setzt Kräfte in Gang, ermutigt zum Durchhalten, befähigt zur Geduld und weckt in uns die Überlebens- wie die Unternehmungsgeister. Hoffen dient als Geländer, ob wir die Lebenstreppe hinauf- oder hinuntersteigen. Hoffen lässt die wohlige Wärme in der Magengrube entstehen. Hoffen ist Stärke.

Hoffnung ist Stärke

Aber nicht immer haben wir die Kraft zur Hoffnung parat. Weil es nahezu alle Aspekte der Menschheitsgeschichte der Philosophie behandelt und dabei in eine äußerst bunte, intellektuelle Sprachwelt einführt, wage ich nur zaghaft, auf das Hauptwerk von Ernst Bloch mit dem schönen Titel »Prinzip Hoffnung« hinzuweisen. Bloch verheißt darin eine neue Welt und den Traum von einem besseren Leben, die nur durch Hoffen erreicht werden können. Im Hinblick auf den Glauben resümiert der Atheist und Marxist Bloch, wo Religion anzutreffen sei, sei in der Tat Hoffnung. Und im Christentum, so Bloch weiter, sei das Wesen der Religion am reinsten hervorgetreten.

Mit einem aufschlussreichen Zitat aus der dreibändigen »Hoffnungslehre« Blochs soll gleichzeitig ein Fazit versucht werden:
»Es ist den Menschen gelungen, das Fürchten zu lernen, jetzt kommt es darauf an, das Hoffen zu lernen!«

Ich bin. Aber ich habe mich nicht.
Darum werden wir erst.
Ernst Bloch

Noch bist du da

Das Alter ist keine einheitliche Lebensphase, sondern ein individueller Prozess. Am Ende steht für alle der Tod. »Noch bist du da, sei was du bist, gib was du hast«, heißt es in einem aufrüttelnden Gedicht von Rose Ausländer. Das Zitat verweist auf unsere Endlichkeit wie auf die noch aktiv nutzbare Eigenzeit im Jetzt. Wenn in diesem Buch gegebene Anregungen über die Gestaltung von Zeit, Gesundheit, Glück und Abschied zu einer Einstellungsänderung führen, so ist das ein positives Zeichen, dass wir den Prozess gestalten. Diese zentralen Lebenselemente in einem neuen Licht zu sehen, kann ein schönes Erlebnis sein.

Kleine Veränderungen sind Zeichen des Aufbruchs

Jede dieser Veränderungen ist ein kleiner (oder größerer) Aufbruch und zeigt, dass wir immer noch im Sinne von Ernst Bloch »werden«! Wir bleiben auf der Bühne, wechseln nur in ein neues Rollenfach. Sich des Alters bewusst zu werden, schenkt eine lebendige Offenheit für das Neue, für das bisher Unbekannte. Es gibt kein richtiges Leben, ohne immer wieder neu aufzubrechen.

Max hat »Die späte Kür« durchgearbeitet. Er hat sich einige Passagen angestrichen und zum Wiederlesen Zettel zwischen die Buchseiten gelegt. Das Älterwerden ist ihm bewusster geworden; er kann gut sein Alter bejahen.
Ruhig und zufrieden richtet er den Blick auf die vor ihm liegende Zeit. Er ist nicht auf der Suche nach großen Zielen. Er möchte nur sicherer in sich selbst werden. In vielen, sehr unterschiedlichen Gesprächen mit Menschen aller Generationen und Schichten will er geben und (lernend) nehmen. Solange ihm Gesundheit geschenkt ist, möchte er als Pionier den neuen Typ des Alten verkörpern, bei dem nicht das Alter das hervorstechende Merkmal seiner Person ist.

Glossar

Abschiedlich leben: Anregungen zu einer Meditation
Arbeit am Ich: ernstes Bemühen um Selbsterkenntnis
Alterskompetenz: eine selbstbewusste Art, das Alter lernend zu bewältigen
Biografiearbeit: Lebensrückschau, Erinnerungen ordnen
Chronifizierung: eine Krankheit wird chronisch
Eigenzeit: individuell nutzbare Zeitressource
Entschleunigung: bewusste Langsamkeit
Flow: hohe, spirituelle Form des Glücks
Fürsorgliches Leben: mehr Achtsamkeit für sich selbst und andere
Ganzheitliche Gesundheit: körperliches, geistig/seelisches und soziales Wohlbefinden
Homöostase: körperlicher und geistig/seelischer Gleichgewichtszustand
Identität: (innere) Gleichheit, Einklang
Junge Alte: mobile, aktive, lernbereite Menschen im (Vor-)Rentenalter
Kontemplation: Religiöse Versunkenheit, Beschaulichkeit, Betrachtung
Kosmisches Denken: das Weltall betreffend; den Alltag verlassend
Kür: Wahl, selbst gewähltes Programm
Lebenskunst: hilfreiche philosophische Regeln zur Lebensgestaltung
Mandelkern: Teil des limbischen Systems im Großhirn
Mausklick: Betätigen der Tasten an der Computermaus
Projekt: zeitlich befristetes Vorhaben
Refugium: Ruhe- und Zufluchtsort
Ruhestand: nicht zeitgemäße Bezeichnung für die nachberufliche Lebensphase
Salutogenese: ein neues Gesundheitsmodell
Senioren-Trainer/-in: Länder- und Bundesprogramme zur Vorbereitung auf neue Verantwortungsrollen in der nachberuflichen Lebensphase
Siesta-Kultur: Lebensform mit anerkannter Mittagspause/Mittagsschlaf
Slow-Food: internationale Bewegung für bewusstes, genussreiches Essen
Spirituelles Verhalten: den Geist betreffend
Surfen: suchendes Umherschweifen im Internet
Vegetatives: nicht dem Willen unterliegendes (Nerven-)System
Webside: Informationsseite im Internet
Zweite Reifung: entwicklungsorientierte Einstellung im Alter (Lebenssinn)

Der Autor

Walter Schwebel, Jahrgang 1937, ist ein aktiver »Alter«. Seit gut dreißig Jahren ist er in der Erwachsenenbildung tätig, bis zum Jahr 2000 war er Direktor der Darmstädter Volkshochschule. Mit Engagement und Begeisterung bietet er nun Kurse und Seminare zur nachberuflichen Lebensphase an und tritt als Referent auf. Im Freizeit- und Gesundheitssport ist er ebenfalls aktiv. Als begeisterter Läufer initiierte er verschiedene Lauftreff- und Fitnessangebote mit.

Seit 2001 ist Walter Schwebel Vorsitzender der Deutschen Olympischen Gesellschaft in Darmstadt.

Literatur

Baltes, Margret: Ergebnisse der Altersstudie, Psychologische Rundschau Juli 1995

Bloch, Ernst: Prinzip Hoffnung, Suhrkamp

Böhme, Günther: Studium im Alter, Societäts-Verlag

Bundeszentrale für gesundheitliche Aufklärung: Was erhält Menschen gesund? Antonovskys Modell der Salutogenese (Band 6)

Cooper, Kenneth: Bewegungstraining, Fischer

Cousins, Norman: Der Arzt in uns selbst, rororo

Csikszentmihalyi, Mihaly: Dem Sinn des Lebens eine Zukunft geben, Klett-Cotta

Csikszentmihalyi, Mihaly: Flow – Das Geheimnis des Glücks, Klett-Cotta

Druyen, Thomas: Olymp des Lebens, Luchterhand

Funkkolleg Altern, Beltz

Geißler, Karlheinz: Es muss in diesem Leben doch mehr als Eile geben, Herder Spektrum

Gernhardt, Robert (Hrsg): Hell und Schnell, S. Fischer

Grass, Günter: Mein Jahrhundert, Steidl

Gronemeyer, Reimer: Kampf der Generationen, DVA

Jäger, Willigis: Suche nach dem Sinn des Lebens, Via Nova

Jäger, Willigis: Das Leben endet nie, Theseus-Verlag

Jürries, Alexander: Anpacken statt aufschieben, Haufe

Klein, Stefan: Die Glücksformel, Rowohlt

Koch, Marianne: Körperintelligenz, dtv premium

Meueler, Erhard: Wie aus Schwäche Stärke wird, Rowohlt

Miegel, Meinhard: Die deformierte Gesellschaft, Econ-Ullstein-List

Mulford, Prentice: Unfug des Lebens und des Sterbens, Fischer

Nittel, Dieter (Hrsg): Jongleure der Wissensgesellschaft, Ziel Verlag

Opaschowski, Horst W.: Wir werden es erleben, Primusverlag

Rampe, Micheline: Jeder will es werden, keiner will es sein, A1 Verlag

Reheis, Fritz: Die Kreativität der Langsamkeit, Primusverlag

Rosenmayr, Leopold u.a.: Hoffnung Alter, WUV Wien

Ruhe, Hans G.: Methoden der Biografiearbeit, Beltz

Rupflin, Theresia: Referate und Presseinformationen aus Projekten »Mensch im Raum«

Schenk, Herrad: Der Altersangst-Komplex, H.C. Beck

Scheurmann, Erich: Der Papalagi
Die Reden des Südseehäuptlings Tuiavii aus Tiavea, Area

Schirrmacher, Frank: Das Methusalem-Komplott, Karl Blessing

Schmid, Wilhelm: Schönes Leben? Einführung in die Lebenskunst, Suhrkamp

Schmidbauer, Wolfgang: Altern ohne Angst, Rowohlt

Schüller, Heidi: Die Alterslüge, Rowohlt

Seitz, Rudolf: Schöpferische Pausen, Kösel

Sennet, Richard: Der flexible Mensch, Berlin Verlag

Speads, Carola: Natürliches Atmen, Kösel

Spitzer, Manfred: Vorsicht Bildschirm, Klett

v. Krockow, Christian: Vom lohnenden Leben, DVA

Zullay, Jürgen/Knab, Barbara: Unsere innere Uhr, Herder

Nützliche Adressen

Bundesarbeitsgemeinschaft der
Senioren-Organisationen (BAGSO)
Eifelstraße 9
53119 Bonn
Tel.: 0228/2499930
www.bagso.de
E-Mail: kontakt@bagso.de

Bundesarbeitsgemeinschaft Seniorenbüros (Bas)
Graurheindorfer Straße 79
53111 Bonn
Tel.: 0228/614074
www.senioren-initiativen.de
E-Mail: bas@seniorenbueros.org

Evangelisches Seniorenwerk
Bundesverband für Frauen und Männer im Ruhestand
Postfach 10 11 42
70010 Stuttgart
Tel.: 0711/2159136/137
www.diakonie.de

EFI (Erfahrungswissen für Initiativen) Deutschland
Rathausplatz 1
59795 Arnsberg
Tel.: 02931/788169
www.efi-programm.de
E-Mail: info@efideutschland.de

Senior Experten Service (SES)
Stiftung der Deutschen Wirtschaft
für internationale Zusammenarbeit GmbH
Postfach 2262
53012 Bonn
Tel.: 0228/260900
www.ses-bonn.de
E-Mail: ses@ses-bonn.de

Ehrenamt für Darmstadt
Kasinostraße 3
64293 Darmstadt
Tel.: 06151/272322

Bildung

Deutscher Volkshochschulverband
Obere Wilhelmstraße 32
53225 Bonn
Tel.: 0228/975690
www.vhs.de
E-Mail: info@dvv-vhs.de

Verband österreichischer Volkshochschulen
Weintraubengasse 13
1020 Wien
Tel.: 01/2164226
www.vhs.or.at
E-Mail: voev@vhs.or.at

Projekt Erwachsenenbildung-Portal
c/o EDUCON
Institut für Aus- und Weiterbildungsentwicklung
Nikolaiplatz 4/III
8020 Graz
www.erwachsenenbildung.at
E-Mail:office@eb-portal.at

Verband der Schweizerischen Volkshochschulen
Hallerstrasse 58
3012 Bern
Tel.: 031/3028209
www.up-vhs.ch
E-Mail: office@up-vhs.ch

Migros-Genossenschafts-Bund
Koordination Klubschulen/Freizeitanlagen
Habsburgstrasse 9
8031 Zürich
www.klubschule.ch
E-Mail: info@klubschule.ch

Deutsches Institut für Erwachsenenbildung (DIE)
Friedrich-Ebert-Allee 38
53113 Bonn
Tel.: 0228/32940
www.die-bonn.de
E-Mail: info@die-bonn.de

FernUniversität in Hagen
58084 Hagen
Tel.: 02331/98701
www.fernuni-hagen.de
E-Mail: fernuni@fernuni-hagen.de

Staatliche Zentralstelle für Fernunterricht (ZFU)
Peter-Welter-Platz 2
50676 Köln
Tel.: 0221/921207-0
www.zfu.de
E-Mail: poststelle@zfu.nrw.de

Johann Wolfgang Goethe-Universität
Universität des 3. Lebensalters
Robert-Mayer-Straße 5
60325 Frankfurt/Main
Tel.: 069/79823084
www.uni-frankfurt.de
E-Mail: u3l@em.uni-frankfurt.de

Deutsche Evangelische Arbeitsgemeinschaft für Erwachsenenbildung (DEAE)
Emil-von-Behring-Straße 3
60439 Frankfurt am Main
Tel.: 069/58098307
www.deae.de
E-Mail: info@deae.de

Katholische Bundesarbeitsgemeinschaft für Erwachsenenbildung
Joachimstr. 1
53113 Bonn
Tel.: 0228/902470
www.kbe-bonn.de
E-Mail: kbe@kbe-bonn.de

Zentrum für Allgemeine Wissenschaftliche Weiterbildung (ZAWiW)
an der Universität Ulm
89069 Ulm
Tel.: 0731/50-23198 (Anrufbeantworter)
www.vile-netzwerk.de

Stiftung Lesen
Römerwall 40
55131 Mainz
Tel.: 06131/288900
www.StiftungLesen.de
E-Mail: Mail@StiftungLesen.de

Gesundheit

Deutsche Gesellschaft für Gesundheitspädagogik (DGG)
Unterm Heilig Kreuz 14
36037 Fulda
www.dgg-im-web.de
E-Mail: info@dgg-im-web.de

Deutsche Gesellschaft für Ernährung
Godesberger Allee 18
53175 Bonn
Tel.: 0228/3776-600
www.dge.de
E-Mail: webmaster@dge.de

Verband für Unabhängige Gesundheitsberatung (UGB)
Sandusweg 3
35435 Wettenberg/Gießen
Tel.: 0641/808960
www.ugb.de
E-Mail: info@ugb.de

AID Infodienst
Verbraucherschutz, Ernährung, Landwirtschaft e. V.
Friedrich-Ebert-Straße 3
53177 Bonn
Tel.: 0228/84990
www.aid.de
E-Mail: aid@aid.de

Deutscher Sportbund
Geschäftsbereich Breitensport
Otto-Fleck-Schneise 12
60528 Frankfurt am Main
Tel.: 069/67000
www.richtigfit-ab50.de

Slow Food Deutschland
Hasseler Weg 3
27232 Sulingen
Tel.: 0180/5560705
www.slowfood.de
E-Mail: info@slowfood.de

Berufsverband der Yogalehrenden in Deutschland
Jüdenstr. 37
37073 Göttingen
Tel.: 0551/4883808
www.yoga.de
E-Mail: info@yoga.de

Berufsverband der Yogalehrenden in Österreich (BYO)
Yoga Austria
Neustiftg. 14/St.2/II
1070 Wien
Tel.: 01/5053695
www.yoga.at
E-Mail: office@yoga.at

Schweizerische Yoga Gesellschaft (SYG)
Aarbergergasse 21
3011 Bern
Tel.: 031/3110717
www.yoga.ch
E-Mail: Sekretariat@syg.ch

Verband klassischer Homöopathen Deutschlands
Thränstr. 29
89077 Ulm
Tel.: 0731/931 40 40
Fax: 0731/931 40 41
www.vkhd.de
E-Mail: office@vkhd.de

Ärztegesellschaft für Klassische Homöopathie (ÄKN)
Sekretariat
Kirchengasse 21
5020 Salzburg
www.aekh.at
E-Mail: office@aekh.at

Homöopathie Verband Schweiz
Sekretariat
Postfach
8708 Männedorf
01/7902849
www.hvs.ch
E-Mail: info@hvs.ch

Bundesverband Gedächtnistraining
Friedensweg 3
57462 Olpe-Dahl
Tel.: 02761/826555
www.bvgt.de
E-Mail: info@bvgt.de

Gesellschaft für Gehirntraining (GfG)
Postfach 1420
85555 Ebersberg
Tel.: 08092/864930
www.gfg-online.de
E-Mail: info@gfg-online.de

Hirnliga
Geschäftsstelle
Postfach 1366
51657 Wiehl
www.hirnliga.de
E-Mail: GS@hirnliga.de

Beratung, Selbsthilfegruppen, Information

Kuratorium Deutsche Altenhilfe
An der Pauluskirche 3
50677 Köln
Tel.: 0221/9318470
www.kda.de
E-Mail: info@kda.de

AWO – Arbeiterwohlfahrt Bundesverband (AWO)
Marie-Juchacz-Haus
Postfach 410163
53023 Bonn
Tel.: 0228/66850
www.awo.org
E-Mail: info@awo.org

Deutscher Caritasverband
Karlstraße 40
79104 Freiburg
Tel.: 0761/2000
www.caritas.de
E-Mail: info@caritas.de

Deutscher Paritätischer Wohlfahrtsverband
Oranienburger Str. 13 – 14
10178 Berlin
Tel.: 030/246360
www.paritaet.org
E-Mail: info@paritaet.org

Deutsches Rotes Kreuz
Generalsekretariat
Carstennstr. 58
12205 Berlin
Tel.: 030/854040
www.drk.de
E-Mail: drk@drk.de

Diakonisches Werk der Evangelischen Kirche Deutschland
Stafflenbergstraße 76
70184 Stuttgart
Tel.: 0711/21590
www.diakonie.de
E-Mail: diakonie@diakonie.de

Internationaler Sozialdienst
Deutscher Zweig
Am Stockborn 5 – 7
60439 Frankfurt am Main
Tel.: 0 69/9580702
www.iss-ger.de
E-Mail: isd@iss-ger.de

Andere Bücher aus dem pala-verlag

Irmela Erckenbrecht:
Wie baue ich eine Kräuterspirale?
ISBN: 3-89566-220-8

Farsane Baraki:
Vegetarisch kochen – afghanisch
ISBN: 3-89566-213-5

Blume/Steinmetz:
Das Apfelbuch
ISBN: 3-89566-219-4

Wagner/Schröder:
Essen • Trinken • Gewinnen
Praxishandbuch für die
vollwertige Sporternährung
ISBN: 3-89566-177-5

ISBN-10: 3-89566-223-2
ISBN-13: 978-3-89566-223-2

Rheinstr. 35, 64283 Darmstadt
www.pala-verlag.de

Umschlaggestaltung:
Saeideh Rahimi, Darmstadt, www.ne-scio.de

Lektorat: Barbara Reis

Druck: fgb • freiburger graphische betriebe
www.fgb.de
Printed in Germany

Dieses Buch ist auf Papier aus 100 % Recyclingmaterial gedruckt.